RECUEIL

D'ORDONNANCES, ÉDITS, DECLARATIONS, &c.

RECUEIL
D'ORDONNANCES,
EDITS,
DECLARATIONS,
ARRETS ET RÉGLEMENS,

CONCERNANT *le Commerce des Six Corps des Marchands de Paris.*

A PARIS,

De l'Imprimerie de P. AL. LE PRIEUR, Imprimeur du Roi, rue S. Jacques, vis-à-vis les Mathurins, à l'Olivier.

M. DCC. LXIV.

RECUEIL

D'ORDONNANCES, EDITS, DECLARATIONS, ARRETS, ET REGLEMENS,

Concernant le Commerce des six Corps des Marchands de Paris.

ORDONNANCE DU ROI JEAN,

Pour la Police de la Ville de Paris,

EXTRAIT.

Que toutes Marchandises & Métiers seront visitées.

EN tous les Métiers & toutes les Marchandises qui sont & se vendent à Paris, aura Visiteurs, Regardeurs & Maîtres, qui regarderont par lesdits Métiers & Marchandises, & les visiteront, regarderont, & rapporteront les défauts qu'ils y trouveront, aux Commissaires & au Prévôt de Paris, & aux Auditeurs du Châtelet.

Fontanon, Tom. I, liv. 5, tit. 8, pag. 869, Ed. de 1611.

LETTRES Patentes de CHARLES V. dit le Sage, addressées au Prévôt de Paris, par lesquelles le Roi lui conserve la Police générale sur tous les Arts & Métiers de la Ville & Banlieue de Paris, privativement à tous Juges subalternes.

25 Septembre 1372.

Livre rouge, vieil. fol. 72. Traité de la Police, L. 1, tit. 9, ch. 1.

CHARLES, par la grace de Dieu, Roi de France, au Prévôt de Paris ou son Lieutenant, SALUT. Comme en notre bonne Ville de Paris y ait plusieurs Métiers, Marchandises & Vivres, & y en vient & afflue de toutes les parties du Monde, qui doivent être & ont toujours accoutumées d'être gouvernées pour l'utilité de la chose publique, selon certaines Ordonnances faites & administrées en notre Châtelet de Paris,& aussi selon certains usages, formées & manieres qui vous sont certaines & plus notoires en votre auditoire qu'en nulle autre, & Nous avons entendu que plusieurs nos Sujets s'efforcent d'entreprendre la visitation & connoissance d'aucuns desdits Métiers, Vivres & Marchandises en notre ditte Ville, lesquelles choses appartiennent mieux être tenues & gardées par un Juge compétant, que par plusieurs & diverses Personnes, & ce nous appartient de notre droit Royal pour le bien de la chose publique, que nous désirons sur toutes choses être bien & diligemment gouvernée, même en notre dite Ville, qui est le Chef de notre Royaume, & là où tous doivent prendre bon exemple. NOUS VOUS MANDONS & étroitement enjoignons en commettant si metier est; que Vous, de par Nous, faites faire diligemment les visitations de tous lesdits Métiers, Vivres & Marchandises en toute ladite Ville & Banlieue de Paris, & garder les Registres des bons usages & anciennes coutumes, en pourvoyant en cela où il conviendra annuller pour le profit commun, & punissant les transgresseurs, faisant sur-tout bon droit & accomplissement de Justice : Et voulons que ce soit fait par Vous & vos Députés, sans qu'aucun autre s'en entremette, & en ces choses entendez & faites entendre par telle maniére que nous n'ayons de vous reprendre de négligence; & donnons en Mandement à tous nos Juges, qu'à Vous & à vos Députés en ce faisant obéissant nonobstant quelconques, Lettres subreptices, impétrées ou à impétrer au contraire. Donné en notre Châtelet du Bois de Vincennes, le vingt-cinq du mois de Septembre, l'an de grace mil trois cens soixante & douze, & de notre Régne le neuviéme, Signé par le Roi en ses Requêtes. *Signé* R. De BEAUFORT.

EDIT de HENRI III, portant établissement des Maîtrises de tous Arts & Métiers ès Villes & lieux du Royaume.

Décembre 1581.

HENRI, par la Grace de Dieu, Roi de France & de Pologne, à tous présens & à venir, SALUT. Les Rois nos Prédécesseurs, & Nous, avons ci-devant fait plusieurs Statuts & Réglemens sur le fait & police des Arts & Métiers qui s'exercent en notre Royaume, concernant tant la nourriture, logis & vêtemens de nos Sujets, qu'entreténement de leur santé & autres commodités nécessaires; au préjudice desquelles, comme il n'est chose si bien & saintement ordonné, ou coutume si vertueuse que l'avarice ne corrompe, la plûpart des Artisans de notre Roiaume, même des Villes, Bourgs & lieux où il n'y a Maîtrise instituée, ni Jurés pour visiter leurs Manufactures, se sont tellement émancipés que la plûpart d'icelles ne sont à moitié près de la bonté & intégrité qu'elles doivent être, au grand intérêt de nos Sujets de tous états, lesquels sont contraints aller ou envoyer le plus souvent à quinze ou vingt lieues de leurs demeurances ès Villes où lesdits Métiers sont Jurés, pour recouvrer la marchandise à eux nécessaire. Ce que connû par les Habitans d'aucune Ville de notredit Roiaume, & l'utilité qu'apporte à nosdits Sujets ladite Maîtrise & Jurés, en auroient plusieurs fois & de temps en temps demandé & obtenus de nosdits Prédécesseurs l'installation en leurs dites Villes, même en l'année 1556. Les Habitans de la Ville de Beaujeu, pour tous les Métiers d'icelles : en l'année 1559. les Habitans d'Orléans pour le métier d'Apoticaire en l'année 1560, ceux de Tours pour le métier de Fripier; en ladite année, ceux de Lodun pour le métier de Boulanger; & ès années 1557 & 59, ceux de notre bonne Ville de Paris, en laquelle la plûpart des Métiers sont jurés, pour les métiers de Brodeurs, Passementiers, Chasubliers, faiseurs d'Aleines, Poinçons, Burins & autres petits outils, non auparavant jurés en icelle; & en l'année 1547, pour la confirmation du métier de Lingére, autrefois autorisé par le Roi Charles VIII, en l'an 1480. Comme encore nous en sommes en semblable journellement suppliés par les Habitans de quelqu'autres Villes & lieux, désireux de voir les abus desdits Artisans corrigés & amendés; à quoi désirant pourvoir & départir comme bon pere de famille, égalité & faveur de Justice à tous nos Sujets généralement, les relever des frais qu'aucuns d'eux sont bien souvent contraints faire à notre suite pour obtenir ladite institution de Maîtrise & Jurés ès lieux de leurs demeurances, & donner ordre aussi aux excessives dépenses que les pauvres Artisans des Villes Jurées sont contraints faire ordinairement pour obtenir le degré de Maîtrise contre la tenue des anciennes Ordonnances, étant quelquefois un an & davantage à faire un Chef d'œuvre tel qu'il plaît aux Jurés, lequel enfin est par eux trouvé mauvais & rompu, s'il n'y est remédié par lesdits Artisans, avec infinis présens & banquets qui reculent beaucoup d'eux de parvenir au degré, & les contraint de quitter les maîtrises & besognes en chambres, èsquelles étant trouvés & tourmentés par lesdits Jurés, ils sont contraints derechef besogner pour lesdits Maîtres, bien souvent moins capables qu'eux, n'étant par lesdits Jurés reçus auxdites Maîtrises que ceux qui ont plus d'argent & de moyens de leur faire des dons & présens & dépenses, encore qu'ils soient incapables au regard de beaucoup d'autres qu'ils ne veulent recevoir, parce qu'ils n'ont lesdits moiens. Comme en semblable pour couper chemin à plusieurs autres abus qui se font par lesdits Maîtres & Jurés desdits métiers, & sur-tout y donner un bon ordre & réglement, Sçavoir faisons qu'après avoir fait mettre cette matiére en délibération en notre Conseil : Nous, de l'avis d'icelui, de notre propre mouvement, certaine science, grace spéciale, pleine puissance, & autorité Roiale, & par Edit & Statut perpétuel & irrévocable, avons dit, statué & ordonné; disons, statuons & ordonnons ce qui s'en suit, sçavoir :

Premiérement. Que tous Artisans & gens de métiers demeurans & besognans comme Maîtres de leurs arts & métiers, ès Villes, Fauxbourgs, Bourgs, Bourgades & autres lieux de notredit Roiaume èsquels il n'y a Maîtrises ni Jurés, soient en boutiques ouvertes, chambres, ateliers ou autres endroits qui y seront trouvés besognant, lors de la publication du présent Edit, seront tenus de prêter le serment de Maîtrise desdits arts & métiers par devant le Juge ordinaire du lieu, soit royal ou subalterne, ou Commissaire qui pour ce seront par Nous commis & députés dans huitaine après le commandement qui leur en sera fait.

II. Et d'autant qu'il n'y a encore èsdits lieux aucuns Maîtres ni Jurés pour les recevoir à la maîtrise avant que prêter ledit serment; Nous les avons tous faits & passés, faisons & passons Maîtres de leurs dits arts & métiers, dispensés & dispensons de faire aucun chef-d'œuvre, sans qu'ils soient pour ce tenus prendre Lettres de Nous, ains seulement l'Acte de leurdit serment.

III. Et quant aux Arts & Métiers, tant anciens que nouvellement mis en lumiére, èsquels il n'y a jamais eû aucun Maîtres, soit èsdites Villes Jurées & Fauxbourgs d'icelles, Bourgs & Bourgades ou autres lieux; Nous voulons aussi que tous ceux qui les exerceront comme Maîtres, lors de la publication dudit présent Edit, soient tenus de prêter pareil serment par devant les Juges ordinaires des lieux, Commissaires ou autres Officiers qui ont accoutumés & auxquels appartiennent de recevoir lesdits Maîtres en chacun desdits lieux, dans huitaine après le commandement qui leur en sera fait, & pour ce les avons en semblables, faits & passés, faisons & passons Maîtres & avec ce dispensés & dispensons de faire aucun chef-d'œuvre.

IV. Ayant aussi été avertis qu'il n'est permis aux Maîtres des Fauxbourgs des Villes Jurées, comme ceux d'aucuns des Fauxbourgs de notre Ville de Paris, or qu'ils aient été reçus Maîtres avec pareil devoir que ceux desdites Villes, & quelquefois avec l'assistance des Maîtres d'icelles, de tenir boutiques ouvertes en icelles Villes, sans y être de nouveau passés Maîtres; comme en semblable les Maîtres d'une Ville faire leur exercice en une autre, quelque proximité qu'il y ait de l'une à l'autre. Nous, à ces causes avons ordonné & ordonnons que tous Artisans qui ont été passés maîtres tant èsdits Fauxbourgs de Paris qu'en ceux des autres bonnes Villes où il y a maîtrise séparée, pourront, lorsque bon leur semblera, aller exercer leursdits métiers dans lesdites Villes, tout ainsi que si de nouveau ils avoient été passés Maîtres en icelles, sans être pour ce tenus faire nouveaux chef-d'œuvres, ni sujet à autres devoirs que ceux qu'ils ont déja faits èsdits Fauxbourgs, dont nous les avons dispensés & dispensons, & ordonné que le chef-d'œuvre qu'ils ont fait à leur réception & maîtrise ès-dits Fauxbourgs, leur servira d'expérience, & sans que les Maîtres d'icelles Villes les puissent empêcher en l'exercice de leursdits arts & métiers, ni d'être en leur rang élus Jurés; ce que nous leur défendons sur peine de perdition de leurs maîtrises & bannissement desdittes Villes. Et pour le regard de ceux qui y seront reçus à l'avenir, nous voulons, pour éviter à toutes fraudes & abus, qu'ils y aient publiquement exercé leurs métiers durant trois années après y avoir été reçus Maîtres. Pour lequel privilége ceux qui y besoignent maintenant, prêteront dès-à-présent, & huit jours après le commandement qui leur en sera fait, nouveau serment par devant lesdits Juges ordinaires des lieux, Commissaires ou autres Officiers, or qu'ils ne voulussent aller au même temps, & si promptement demeurer ès-dites Villes; & les autres qui y seront reçus pour l'avenir, huit jours après leurdite réception, à peine de perdition de leurs priviléges.

V. Comme en semblable pourront aller demeurer & exercer leur métier dans lesdites Villes, ceux des autres Fauxbourgs non Jurés, qui seront à présent passés Maîtres en vertu de notre présent Edit, sans faire aucun chef-d'œuvre, pareillement ceux qui y seront reçus à l'avenir avec chef-d'œuvre, pouvû qu'ils aient exercés leursdits métiers pareil tems de trois ans après leur réception en iceux, & prêté le serment par devant lesdits Juges ordinaires, Officiers ou Commissaires, huit jours après leur réception auxdites Maîtrises auxdits Fauxbourgs; ce qu'ils seront tenus faire à peine de perdition de leurs Priviléges. Et toutes fois ceux desdits Fauxbourgs qui sont sous les Jurisdictions ordinaires & Roiales desdites Villes, &

n'ont aucuns Juges particuliers, pourront, quand bon leur semblera, aller demeurer en icelles & y exercer lesdits métiers, sans prêter nouveau serment.

VI. Et afin de régler le fait desdites Maîtrises par tout notredit Roiaume, & obvier aux différens qui y pourroient subvenir, tant entre les Corps des Villes d'icelui, que Maîtres & Jurés desdits métiers pour le fait des apprentissages, services des Compagnons sous les Maîtres après lesdits apprentissages achevés, & réception d'iceux èsdites maîtrises. Nous avons ordonné & ordonnons que tous Artisans qui auront été reçus Maîtres en notre Ville de Paris, pourront aller demeurer & exercer leursdits métiers en toutes les Villes, Fauxbourgs, Bourgs & Bourgades, & autres lieux de notredit Roiaume, sans être pour ce tenus de faire nouveau serment èsdites Villes & lieux; mais seulement faire enregistrer ledit Acte au Greffe de la Justice ordinaire du lieu où ils iront demeurer, soit Roiale ou subalterne.

VII. Ceux qui seront institués ès Villes où sont nos autres Parlemens, pourront semblablement aller demeurer & exercer leursdits métiers dans toutes les Villes, Bourgs & endroits du ressort desdits Parlemens. Ceux qui seront reçus ès Villes & Fauxbourgs où sont établis les Siéges généraux & particuliers des Baillages & Sénéchaussées, faire le semblable dans les Villes, Bourgs & Bourgades, & autres lieux étant en l'étendue & ressort desdits Siéges Présidiaux èsquels sont respectivement assis lesdits Baillages & Sénéchaussées, les Maîtres des petites Villes, Bourgs, Bourgades & autres lieux des ressorts desdits Siéges Présidiaux èsquels ils sont scitués & assis, des unes aux autres, même ès Fauxbourgs desdites Villes où sont assis lesdits Siéges généraux & particuliers, & toutefois ne pourront aller demeurer en icelles, ni exercer leurdit métier, s'ils n'ont été Jurés èsdits Fauxbourgs, sans que lesdits Maîtres soient pour cet effet astraints d'être de nouveau passés Maîtres, ni à autres devoirs que de représenter & faire enregistrer l'Acte de leur réception au Greffe de la Justice du lieu où ils iront demeurer, comme il est porté par l'Article précédent.

VIII. Et pour ce qu'à cause de la grande abondance des Marchands tant regnicoles qu'étrangers, qui abondent & affluent journellement en notre Ville de Lyon, il est très-requis & nécessaire, que les Ouvriers habitants en icelle soient duement expérimentés ès arts & métiers desquels ils s'entremettent; ce qui ne se peut faire sans que ceux qui y voudront à l'avenir exercer lesdits arts & métiers ne les aient pratiqués en plusieurs Villes & endroits tant de notredit Royaume, qu'autres lieux circonvoisins. Nous avons ordonné & ordonnons que les enfans de ceux qui seront reçus à la maîtrise, par vertu de celui notre présent Edit, & autres Habitans d'icelle Ville de Lion, pourront aller faire leur apprentissage & servir les Maîtres desdits arts & métiers, en telle Ville de notre Royaume & hors d'icelui qu'ils verront bon être, & s'y faire recevoir Maîtres, ou bien en ladite Ville de Lyon, en vertu des actes ou certifications de leurdit apprentissage & service, & après demeurer en icelle Ville de Lyon, ou telles autres Villes du ressort de notre Cour de Parlement de Paris qu'ils verront bon être; hormis ladite Ville de Paris, s'ils n'y ont fait leur apprentissage, comme en pareil feront ceux demeurans en notredite Ville de Lyon, qui seront par vertu du présent Edit reçus à ladite Maîtrise.

IX. Et pour remédier aux abus cy-devant commis, pour n'avoir été lesdits Maîtres Jurés sujets à visitation en la plûpart desdites Villes & lieux, nous enjoignons très-expressément à tous Artisans qui y seront reçus Maîtres, par vertu de celui notre présent Edit, qu'ils aient respectivement à procéder à l'élection des Jurés de leurs métiers, & au nombre accoutumés ès Villes Jurées, & ce dans trois mois après leur réception èsdites maîtrises; à quoi nous voulons qu'ils soient contraints par les Juges des lieux soient Royaux, ou par amandes pécuniaires.

X. Et d'autant qu'il y a beaucoup de petites Villes, Bourgs & Bourgades, où il y a si peu d'Artisans de chacun métier qu'il ne s'y pourroit élire des Jurés de tems en tems pour faire les visitations nécessaires, nous avons ordonné & ordonnons qu'en ce cas sera seulement élu des Jurés en chacune Chatellenie ou Justice ordinaire, pour toute ladite Chatellenie ou Justice, pour être chacun des Artisans d'icelles successivement élus Jurés, sans que ceux qui seront demeurans ès Villes closes, puissent être préférés à ceux desdits Bourgs & Bourgades.

XI. Et pour ce qu'il y a, tant en notredite Ville de Paris & Fauxbourgs d'icelle que autres Villes esquelles il y a eu de tout temps maîtrise, plusieurs Artisans non Maîtres, aussi bon ouvriers que les Maîtres, lesquels n'ont pu ci-devant, à faute de moiens, acquerir le degré de maîtrise: & sçachant que l'abondance des Artisans rend la marchandise à beaucoup meilleur prix, au profit de notre peuple, avons de nouveau fait & passé, faisons & passons Maîtres desdits arts & métiers, tant en notredite Ville de Paris & Fauxbourgs d'icelle, que ès autres de la qualité susdite, à l'instar des Maîtres que nous avons accoutumés faire à nos entrées & mariages, trois Artisans de chacun métier tels qu'ils seront par nous choisis & élus; lesquels nous avons dispensés & dispensons de faire aucun chef-d'œuvre, sans tirer à conséquence pour l'avenir, fors ès dits cas d'entrée & mariage.

XII. D'autant aussi qu'en beaucoup desdites Villes, Fauxbourgs, Bourgs, Bourgades & autres lieux il y a aucuns Artisans qui exercent deux métiers ensemble. Comme Apoticaires & Epiciers, Tailleurs & Chaussetiers, Menuisiers & Tonneliers, Boulangers & Patissiers, Rotisseurs & Patissiers, & autres en semblable, nous voulons que ceux qui exercent & voudront exercer lesdits deux métiers ensemble, ès Villes & Fauxbourgs où il y a d'ancienneté maîtrise instituée, le puissent faire, pourvû qu'ils y aient ci-devant faits ou fassent ci-après chef-d'œuvre séparé, pour chacun de ceux desdits métiers, qui ont été de tout tems tenus & réputés en icelles pour métiers séparés, avant que les pouvoir exercer, & non pour les autres qui y sont conjoints, ni sont de tout tems tenus que pour un seul métier. Comme aussi pourront faire ceux qui en travaillent ès Villes, Bourgs, Bourgades & autres lieux non Jurés, sans faire à présent pour iceux aucun chef-d'œuvre, attendu la dispense de faire chef-d'œuvre, que nous leur donnons par le présent Edit, pour l'institution desdites maîtrises èsdits lieux, ains seulement ceux qui y seront reçus à l'avenir, après que ladite maîtrise y aura été instituée par pareil réglement pour les métiers qui y sont tenus pour séparés & non séparés, & à la charge qu'ils seront tenus sujets à la visitation & censure des Jurés de chacun d'iceux métiers, & paieront aussi finance; à sçavoir : double pour les séparés, & simple pour ceux qui, comme dit est, sont tenus n'y être qu'en un seul métier.

XIII. Et pour donner ordre aux dépenses & banquets que les Jurés desdits métiers font faire aux Artisans pour acquérir le degré de maîtrise & faire leur chef-d'œuvre, dont un pauvre Compagnon du moindre desdits métiers ne pourroit être quitte, en notre ville de Paris, pour soixante écus, & de quelqu'autres pour deux cent écus; & afin de leur faciliter le moyen de parvenir audit degré, nous avons ordonné & ordonnons que doresnavant tous jeunes hommes qui voudront apprendre métier & acquérir le degré de maîtrise en icelui, seront tenus de faire apprentissage durant le tems porté par les Statuts de leurs métiers, sans que les Maîtres sous lesquels ils feront leurdit apprentissage, les en puisse dispenser ou diminuer ledit temps en faveur des prix extraordinaires & excessifs qu'ils leur pourroient faire payer pour leurdit apprentissage, & ce sous un même Maître ou sa Veufve, sans intermission si lesdits Maîtres ou Veufves ne décédent durant icelui, auquel cas ils acheveront leurdit apprentissage sous un autre Maître, ainsi qu'il est accoutumé faire, sur peine d'être déclarés déchus du droit de Maîtrise, & d'y pouvoir parvenir en aucune sorte & maniére, duquel apprentissage lesdits Maîtres seront tenus de leur bailler certification passée par devant Notaire ou actes publics, à la premiére requête qui leur en sera faite, sur peine de dix écus d'amande, applicable le tiers à Nous, le tiers audit Apprentif dénonciateur, & le tiers aux Pauvres du lieu.

XIV. Après lesquels apprentissages faits, lesdits Apprentifs seront encore tenus servir lesdits Maîtres, leurs Veufves, ou autres de pareil art ou métier, durant trois ans entiers, sinon que leursdits

Statuts

Statuts portassent pour leurdit service plus ou moins de temps : auquel cas nous voulons qu'ils suivent & observent leurdits Statuts ; duquel service lesdits Maîtres ou Veuves seront tenus, sur pareille peine, leur bailler certification au vrai, comme dessus, tant en entrant qu'en sortant, & sans par icelle diminuer ou augmenter le tems de leurdit service sur peine de faux & de cinquante écus d'amande, applicable le tiers à Nous, le tiers au Dénonciateur, & le tiers aux Pauvres du lieu.

XV. Et pour ne pas rendre le Privilége donné au Fils des Maîtres de pouvoir parvenir à la maîtrise sans faire apprentissage, ne servir lesdits Maîtres, infructueux & frustratoire, & toutefois remédier aux abus qui sont commis par ce moyen, nous avons ordonné & ordonnons que les Fils de ceux qui ont été passés Maîtres, soit par chef-d'œuvres ou Lettres de Nous, ou de nos Prédécesseurs, pourvû qu'ils soient de pareils métiers que leurs Peres, feront leur apprentissage entier, & serviront les Maîtres après icelui seulement, la moitié du tems préfix aux autres Apprentifs ; lequel service toutes fois ils pourront faire sous leursdits Peres ou Parens, qui leur en bailleront certification au vrai & sans déguisement, sur les peines contenues en l'Article précédent, demeurant pour le surplus leurdit Privilége en sa force & vertu.

XVI. En vertu desquelles certifications, nous voulons les Jurés être tenus de les recevoir à faire leur chef-d'œuvre & être passés Maîtres à la premiere sommation qui leur en sera faite. Et pour ce faire, leur désigner & spécifier chef-d'œuvre dans huit jours après la sommation, lequel ils puissent faire & parachever pour le plus difficile métier en trois mois, ou moins si faire se peut, & des autres à l'équipolent ; & ce, pour éviter aux longueurs & abus qui sont commises par les Jurés à la ruine desdits Artisans. Et qu'au refus desdits Jurés les Juges ordinaires des lieux, Commissaires ou autres Officiers auxquels il appartient de les recevoir, sans remettre lesdits Compagnons, après avoir oüi les causes dudit refus, députent tels Maîtres du métier, en nombre pareil que lesdits Jurés, qu'ils aviseront, pour leur désigner & spécifier ledit chef-d'œuvre & le voir faire en la maison de l'un d'eux, afin que lesdits Compagnons ne puissent être aidés d'aucun autre.

XVII. Lesquels chef-d'œuvres visités en la présence desdits Juges, & n'étant trouvés bien faits, que lesdits Juges, Officiers ou Commissaires mandent encore pareil nombre des Maîtres dudit métier, avec trois ou quatre notables Bourgeois du lieu, de diverses qualités, dont il sera par eux convenu avec lesdits Compagnons, & où ils n'en pourroient convenir, tels que lesdits Juges, Officiers ou Commissaires, aviseront pour visiter de nouveau lesdits chefs-d'œuvres ; & où, par ladite seconde visitation, ils seront trouvés mal faits, & lesdits Compagnons incapables d'être reçus Maîtres ; nous voulons iceux Compagnons être envoiés (ou sur ce l'avis desdits Maîtres & Bourgeois) servir encore certain temps les Maîtres du métier, & se rendre capables de la maîtrise. Et où lesdits chef-d'œuvres seront trouvés bien faits, soit par la premiere ou seconde visitation, & lesdits Compagnons capables d'être reçus Maîtres, Nous voulons qu'à l'instant même, & nonobstant le refus desdits Jurés, lesdits Juges, Officiers ou Commissaires reçoivent lesdits Compagnons à la maîtrise, & les en fassent jouir purement, tout ainsi que les autres Maîtres auparavant reçus du consentement desdits Jurés, sans que pour ce lesdits Compagnons soient tenus paier aucuns droits ou devoirs, sinon auxdits Maîtres leur assistance & visitation de chef-d'œuvre, comme il sera dit ci-après, faire aucun banquet pour traiter lesdits Jurés & Maîtres, se faire inscrire & payer aucuns droits de Confrairies ci-devant par Nous & nos Prédécesseurs interdites & deffendues auxdits Artisans, ni même donner auxdits Jurés ou Maîtres, au lieu de ladite dépense, le chef-d'œuvre qu'ils auroient fait, lequel nous voulons leur être rendu pour emploier à leur profit, commandant très-expressément auxdits Juges, Officiers & Commissaires d'y tenir la main, sur tant qu'ils craignent nous désobéir.

XVIII. Et toutefois pour éviter à tous abus, nous ne voulons qu'aucuns desdits Artisans, quel qu'il soit, puisse être reçu à ladite maîtrise, qu'il n'ait atteint l'âge de vingt ans au moins, ou plus grand âge si leursdits Statuts le portent. Lesquels nous voulons être suivis & observés, ayant cassé & annullé, cassons & annullons toutes maîtrises qui pourroient avoir été faites & admises depuis deux ans en ça, pour personnes étant au-dessous dudit âge, s'ils n'ont fait chef-d'œuvre & été trouvés capables d'être Maîtres.

XIX. Et pour ce qu'il ne suffit aux Artisans d'aucuns desdits arts & métiers de faire chef-d'œuvre pour être reçus Maîtres, ains convient les examiner & interroger pour connoître leur suffisance & capacité, comme aux métiers d'Apoticaires, Barbiers & quelqu'autres : Nous voulons que les dessusdits sujets à l'examen, soient seulement interrogés par les Jurés de leur métier, ou deux d'entr'eux : & en leur absence ou empêchement, par deux des Maîtres qui seront à ce députés. A sçavoir les Apoticaires en présence de deux Médecins & douze Maîtres seulement : Et les Barbiers aussi en présence de deux Médecins & six Maîtres, sans toutefois que les Maîtres assistans, les puissent interroger ni empêcher leur réception pour éviter aux monopoles, longueurs, partialité & vindictes, ains seulement donner leur avis & opinion auxdits Jurés sur leur capacité ou incapacité. Commandant aux Juges, Officiers ou Commissaires qui les recevront, de n'avoir aucun égard auxdits empêchemens & remontrances, ains nonobstant lesdits empêchemens, les recevoir Maîtres, si lesdits Jurés les trouvent capables; & où lesdits Jurés les prétendroient incapables, nous voulons qu'il soit convenu par lesdits Juges, Officiers ou Commissaires & Compagnons, ou à faute d'en pouvoir convenir, pris par iceux Juges, Officiers ou Commissaires, pour faire ledit interrogatoire, pareil nombre d'autres Maîtres du métier, qu'il y aura eû de Jurés, pour les interroger; par lesquels étant trouvés capables, ils seront à l'instant reçus à ladite maîtrise par lesdits Juges, Officiers ou Commissaires, nonobstant le refus & remontrances d'iceux Jurés. Et s'ils ne sont trouvés suffisans, ils seront renvoyés servir les autres Maîtres pour certain temps, durant lequel il leur sera baillé par lesdits Maîtres entrée & assistance à tous examens & expériences qu'ils feront faire aux Compagnons de leur métier qui se présenteront pour être reçus Maîtres, afin de se rendre capables de l'être.

XX. Pour lesquels priviléges & bénéfices que tous lesdits Artisans recevront, par vertu de notre présent Edit mentionné ès I, II, III, IV, V, VI, VII, VIII & XII. articles d'icelui, nous voulons que chacun d'eux paie ès mains de celui qui pour ce sera par Nous commis, ou ses commis & députés, tant en reconnoissance d'icelui bénéfice, que d'autant qu'en ce faisant, ils demeureront déchargés des cinq parts, les six faisant le tout, des frais qu'ils ont accoutumés faire pour être passés Maîtres, & ce, avant que prêter ledit serment; à sçavoir en nos Villes de Paris, Toulouse, Rouen, Lyon & Fauxbourgs d'icelles, pour le meilleur desdits métiers, trente écus; pour le médiocre, vingt écus; pour le moindre, dix écus; pour les autres étant entre lesdits meilleurs, médiocres & moindres, selon l'état qui en sera fait en notre Conseil, ou Commissaires pour ce par Nous commis & députés. Es Villes où il y a Baillage ou Sénéchaussée, pour le meilleur métier, vingt écus; pour le médiocre, quatorze écus; pour le moindre, huit écus; & pour les autres étant entre les susdits, au prorata. Es autres Villes Roiales, pour le meilleur métier, quatorze écus, pour le médiocre, neuf écus; pour le moindre, six écus; & des autres à l'équipolent. Pour les autres petites Villes & Bourgs, pour le meilleur, huit écus; pour le médiocre, cinq écus; pour le moindre, trois écus; & des autres à l'équipolent. Et ès Bourgades, pour le meilleur, trois écus; pour le médiocre, deux écus; pour le moindre, un écus; & des autres à l'équipolent, selon l'état qui en sera fait en notre Conseil; & les Fils des Maîtres en tous lesdits lieux, la moitié desdites taxes seulement, en considération de leursdits priviléges. Et au lieu des banquets qu'ils souloient faire aux Jurés à leur réception; & outre ce les frais tant pour le salaire desdits Juges & leurs Greffiers, que des Jurés ou Maîtres qui assisteront auxdits chefs-dœuvres ou visitations, lesquels frais lesdits Artisans qui seront reçus Maîtres, seront tenus de paier sans aucune diminution des sommes ci-dessus spécifiées, selon les taxes qui en seront faites par lesdits Juges, Officiers ou Commissaires; lesquelles taxes seront moderées, eû égard aux sommes dessus dites que nous en prenons: & ne pourront toutefois excéder le tiers d'icelles sommes pour chacun desdits lieux.

défendans très-expressément à tous lesdits Juges, Officiers ou Commissaires, d'en recevoir d'oresnavant aucuns auxdits sermens & maîtrises qui ne leur apparoisse du paiement dudit droit d'entrée & reception, par les quittances d'icelui Commis.

XXI. Et pour le regard de ceux qui seront de nouveau passés Maîtres dans lesdites Villes Jurées, mentionnées en l'onziéme Article de cedit Edit, & que nous dispensons de faire chef-d'œuvre, nous voulons & ordonnons qu'ils nous paient la finance à laquelle il sera par lesdits Juges, Officiers ou Commissaires chevi & composé avec eux pour lesdites maîtrises ; desquels ils ne seront tenus prendre aucunes Lettres de Nous, ains seulement l'Acte du serment par eux fait par devant eux, attaché sous leur signet à la quittance de la finance par eux paiée.

XXII. Et pour faciliter auxdits Juges, Officiers ou Commissaires, le moien de promptement sçavoir les Artisans travaillans comme Maîtres desdits arts & métiers en chacune desdites Paroisses, étant en & au dedans de leur ressort, tant des Villes closes, que plat païs, afin de dresser & expédier les rôles d'iceux Artisans, des sommes qu'ils, & chacun d'eux devront paier pour lesdites maîtrises, suivant les taxes ci-dessus, nous voulons que tous Asséeurs, Greffiers & Collecteurs de nos tailles, soient respectivement contraints par lesdits Juges, Officiers ou Commissaires, de leur fournir promptement des rôles & assiettes desdites tailles & collectes, cottées sur chacun nom, du métier, art ou trafic que tous les dénommés en iceux exerceront : & ès lieux exempts desdittes tailles, en être informé ou fait informer par lesdits Juges, Officiers ou Commissaires, pour sur lesdits rôles, taxes & informations qui seront par eux faites, contraindre lesdits Artisans & gens de métier à payement d'icelles sommes, par toutes voyes & maniéres dues & raisonnables ; & nonobstant oppositions ou appellations quelconques.

XXIII. Aussi afin que les Compagnons qui sont ci-devant sortis d'apprentissages, & besognent sous les Maîtres, n'aient occasion de se plaindre de ce que pour n'avoir pris les certifications d'apprentissage & service requises, ils ne pourroient jouir du bénéfice de cedit Edit, nous avons aussi de nosdites Grace, Puissance & Autorité permis, concédé & octroié, permettons, concédons & octroions à tous lesdits Compagnons qui se présenteront dans trois mois après la publication de cedit Edit, ès Siéges ou ressorts desquels ils seront demeurans, pour être reçus Maîtres, de pouvoir jouir du bénéfice d'icelui, tout ainsi que les autres qui commenceront leur apprentissage après la publication dudit Edit, sans qu'ils soient pour ce tenus d'apporter lesdites certifications d'apprentissage & service, dont nous les avons dispensés & dispensons, en payant par chacun d'eux la finance ci-dessus limittée pour lesdites maîtrises, & faisant chef-d'œuvre. Et où dedans ledit temps de trois mois ils ne se présenteront pour obtenir icelles maîtrises, ils n'y seront reçus sans apporter lesdites certifications ; ce que nous deffendons très-expressément à tous lesdits Juges, Officiers ou Commissaires.

XXIV. Voulans au surplus que tous les Artisans des Villes, Bourgs & Bourgades, & autres lieux non Jurés, qui seront reçus Maîtres par vertu de ce présent Edit, se réglent pour le temps des apprentissages, service des Maîtres après lesdits apprentissages & autres particularités concernant lesdits arts & métiers, à l'instar des Villes Jurées les plus proches desdits lieux, les Maîtres & Jurés desquels seront tenus de leur bailler copie collationnée de leurs Statuts & priviléges, à la premiere sommation qui leur sera par eux faite, sur peine de cent écus d'amende.

XXV. Auxquels Juges, Officiers & Commissaires qui feront les Rôles de toutes lesdites taxes mentionnées en cedit Edit, & contraintes pour en faire la recette, nous avons ordonné & ordonnons pour leurs salaires & de leurs Greffiers un sol pour écu de tous lesdits deniers qui ainsi seront levés, & ce sur iceux deniers, à mesure qu'ils seront paiés. Lesquels rôles nous leur mandons & très-expressément enjoignons, sur tant qu'ils craignent nous désobéir, de livrer le plus promptement que faire se pourra audit Commis à les recevoir, ou ses Commis & Députés respectivement, tant pour lui servir à ladite recette & levée des deniers, qu'à la vérification de la recette & dépense de son compte.

XXVI. Nous voulons aussi que tout le contenu ès anciennes Ordonnances & confirmations d'icelles, faites par Nous & nos Prédécesseurs, sur le fait desdits métiers en général, Gardes Jurés & maîtrises d'iceux, tant pour l'élection des Jurés, deffenses de festins & banquets pour passer Maîtres, exactions d'iceux Jurés sur les Maîtres pour le droit de visitation, rapport en Justice pour lesdites visitations, confrairies, chef-d'œuvres, loiers d'apprentissages & tous autres Statuts faits pour l'observance desdits métiers, non contraires à ce présent Edit, soient entiérement & de point en point entretenus, gardés & observés èsdites Villes, Fauxbourgs, Bourgs & Bourgades & autres lieux; & que lesdits Artisans & leurs Veuves, durant leur viduité, jouissent aussi des priviléges, franchises & libertés respectivement attribuées par lesdits Statuts & Ordonnances à chacun desdits anciens Arts & Métiers, tant èsdites Villes Jurées d'ancienneté, qu'ès autres qui seront de nouveau, par vertu de notre présent Edit; comme aussi ceux des Arts nouvellement mis en lumiére, des priviléges, franchises & libertés que nous leur pourrons accorder, à l'instar des autres, sur les Requêtes qu'ils nous en feront présenter. A toutes lesquelles choses nous voulons être tenu la main par nos Procureurs Généraux & leurs Substituts, déclarant n'avoir entendu aucunement préjudicier par cedit présent Edit, à nos Officiers ou autres qui de toute ancienneté ont accoutumé recevoir les Maîtres des métiers, & prendre leur serment. Lesquels, nos Officiers & autres, nous voulons maintenir & conserver en leurs états, dignités & autorités accoutumées. Si donnons en mandement à nos Amés & Feaux les Gens tenans nos Cours de Parlemens & Chambres des Comptes à Paris, Baillifs, Sénéchaux, Juges, Présidiaux, Prévôts, Vicomtes, leurs Lieutenans, Maires, Echevins, Jurats, Consuls, Capitouls des Villes, & tous nos Justiciers & Officiers qu'il appartiendra, même à tous Juges particuliers & subalternes à qui ce fait pourra toucher, que celui notre présent Edit, ils lisent & publient, fassent lire, publier & enregistrer, chacun en son ressort & Jurisdiction, sans souffrir y être contrevenu en quelque sorte & maniere que ce soit, faisant jouir tous lesdits Maîtres par Nous nouvellement créés & autres auxquels, outre leur maîtrises anciennes, nous attribuons nouveau pouvoir; aux Apprentifs & Compagnons desdits métiers, pour l'acquisition du degré de maîtrise, indifféremment à leursdites maîtrises, nouveaux pouvoirs, priviléges, droits & autorités spécifiées en ce présent Edit, sans leur faire, mettre ou donner, ne souffrir leur être fait, mis ou donné aucun trouble, destourbiers ou empêchemens au contraire; & à ce faire & souffrir, contraignent tous ceux qu'il appartiendra, & qui pour ce seront à contraindre par toutes voies & manieres dues & raisonnables. Mandons en outre, & donnons pouvoir à tous lesdits Juges Présidiaux & Juges ordinaires, soit Roiaux ou subalternes, Commissaires par Nous députés, ou autres qui ont accoutumés de recevoir lesdits Maîtres & serment pour lesdites maîtrises, ès lieux où elles sont instituées d'ancienneté, & chacun d'eux sur ce premier requis, d'exécuter promptement le contenu en ce présent Edit, faire les taxes, rôles & délivrer les contraintes spécifiées en icelui, audit Commis à recevoir lesdits deniers, ou ses Commis ayant pouvoir de lui, le plus diligemment que faire se pourra, en vertu des copies collationnées de notre présent Edit, lesquelles nous voulons servir pour ce, & foi y être ajoûtée par lesdits Juges & tous autres, comme au présent original: car tel est notre plaisir, nonobstant oppositions ou appellations quelconques, desquelles nous avons retenu & reservé, retenons & reservons la connoissance à Nous & à notre Conseil d'Etat, & icelle interdite & deffendue, interdisons & deffendons à toutes nosdites Cours & tous autres nos Juges quelconques; Edits, Réglemens, Coutumes tant anciennes que modernes, Lettres de chartres, priviléges, exemptions, cahiers d'Etats généraux & particuliers, Déclarations, Mandemens, Deffenses & autres Lettres obtenues ou à obtenir à ce contraires, auxquelles & à la dérogatoire de la dérogatoire y contenue, nous avons dérogé & dérogeons par cedit Edit: auquel en témoin de ce, & afin que ce soit chose ferme & stable à toujours, Nous avons fait mettre notre Scel. Donné à Paris au mois de Décembre, l'an de Grace, mil cinq cent quatre-vingt un, & de notre régne le huitiéme. *Signé* HENRI. Par le Roi DE NEUFVILLE. Et à côté *Visa*. Et scellé du grand Scel de cire verte en lacs de soie rouge & verte. Et au dessous est écrit :

Lu publié & registré, oui sur ce le Procureur Général du Roi. A Paris, en Parlement, le Roi y séant, le septieme jour de Mars, l'an mil cinq cent quatre-vingt trois. Signé Du Tillet.

EDIT du Roi HENRI III, contenant Réglement entre les Marchands, Bourgeois, & Habitans des Villes de son Royaume, & les Marchands Forains, tant Regnicoles qu'Etrangers.

9 Mars 1588.

HENRI, par la grace de Dieu, Roi de France & de Pologne, à tous présens & à venir, Salut. Sçavoir faisons que nos chers & bien amés les Marchands Bourgeois de notre bonne Ville de Paris & des autres Villes Jurées de ce Royaume, ont remontré & fait entendre à Nous & notre Conseil, qu'au préjudice des Ordonnances & Réglemens faits par nos Prédécesseurs Rois, sur la Police de la marchandise ès Villes Jurées de cedit Royaume, & contre les privilèges, franchises & libertés données & octroiées aux Marchands habitans d'icelles, plusieurs Marchands forains, regnicoles & étrangers font venir journellement grande quantité de marchandises, qu'ils retirent ès hôtelleries, magasins & lieux secrets, pour vendre & distribuer en gros & détail, ce qui ne leur est permis que durant le temps des Foires, étant le reste du temps ordonné pour les Marchands habitans des Villes, pour leur donner moyen d'augmenter & accroître leur bien & faculté, & entretenir eux & leur famille, & subvenir aux louages des maisons & charges ordinaires desdites Villes, èsquelles ils sont tenus, & qui leur convient supporter, desquelles lesdits Etrangers logeant auxdites hôtelleries sont exempts.

Pour ce est il que Nous, désirant de maintenir les Villes de notre Royaume en un bon ordre & police, conformément aux Edits, Ordonnances & Réglemens faits par nos Prédécesseurs, & éviter toute confusion, & après avoir entendu aucuns réglemens intervenus & faits ès Villes d'Orléans, Bordeaux & autres de cedit Roiaume, sur pareilles remontrances & différens, Nous, de l'avis de notre Conseil, & par celui notre Edit perpétuel & irrévocable, avons fait, statué & ordonné; faisons, statuons & ordonnons par ces présentes, le Réglement qui ensuit, pour être gardé, observé, suivi & entretenu en toutes les Villes de cedit Roiaume, par les Marchands habitans d'icelles, & les Forains & Etrangers.

Et premiérement, que tous Marchands forains, soient Regnicoles ou Etrangers, ne pourront faire mener ni conduire leurs marchandises, & icelles faire descendre, décharger, vendre & débiter en aucunes Villes de ce Royaume, sinon en temps de foires franches établies & ordonnées èsdites Villes, pendant & durant le temps desdites foires seulement, & ce ès lieux, halles & places où lesdites foires seront assises & établies, & non ailleurs, & icelui temps de foire passé & expiré, ce qui leur restera à vendre de ladite marchandise, la feront emballer & transporter, sans qu'ils la puissent aucunement vendre ou débiter, ni partie ou portion d'icelle, dans lesdites Villes ni ès environs d'icelles, sinon aux charges & conditions qui en suivent, A sçavoir :

Que tous Marchands forains, tant Regnicoles qu'étrangers, lesquels, hors le temps desdites foires, voudront vendre aucunes marchandises èsdites Villes de notredit Royaume, desquelles ils ne seront habitans, pourront lesdites marchandises vendre, débiter èsdites Villes, en gros & sous cordes ou piéces entieres, en nous payant un sol pour livre du prix de la vente desdites marchandises qu'ils vendront èsdites Villes, hors le temps desdites foires.

Lesquelles marchandises arrivant èsdites Villes, hors le temps desdites foires, chacun selon leur espéce & qualité, & après avoir acquitté les impositions accoutumées, si aucunes se paient, seront portées, descendues & déchargées ès halles & lieux publics qui, pour ce, seront ordonnées & sous la garde des personnes à ce commises, pour illec & non ailleurs, après avoir été vues & visitées par les Jurés & Gardes de ladite marchandise, & trouvées loyales & marchandes, être vendues & débitées en balles & sous cordes ou piéces entiéres, comme dit est, par les personnes qui seront à ce commises, si mieux n'aiment les Marchands en personnes & non par Facteurs, Serviteurs & Commis, vendre & débiter leursdites marchandises.

Et ne pourront lesdits Marchands forains, en quelque façon & maniere que ce soit, faire descendre leursdites marchandises ailleurs que, à sçavoir en temps de foires, èsdites places où lesdites foires seront établies : & hors icelui temps desdites foires, èsdites halles & lieux publics à ce ordonnés, sur peine de confiscation de la marchandise & de deux cens écus d'amande.

Et sont faites expresses inhibitions & deffenses à tous Marchands hôtelliers & autres personnes de quelqu'état, qualité ou condition qu'elles soient, de souffrir ou permettre décharger ou recevoir en leurs maisons aucunes marchandises appartenantes auxdits Forains, sur peine de cinq cens écus d'amande, sur ceux qui les auront reçues, pour laquelle ne pourront avoir aucun recours à l'encontre de ceux

ceux auxquels appartiendront lesdites marchandises, ou autres à l'instigation desquelles ils les pourroient avoir reçues, nonobstant toutes indemnités ou contre-promesses qu'ils pourroient avoir, lesquelles par ces présentes, avons déclarées & déclarons nulles & de nul effet & valeur, deffendons à nos Juges y avoir aucun égard, & leur en interdire toute Cour, connoissance & Jurisdiction.

Aussi est deffendu à tous Marchands ou autres Habitans desdites Villes, de prêter leur nom ou marque auxdits Marchands forains, ni vendre lesdites marchandises par commission, sous leur nom ni autrement, sur peine de confiscation desdites marchandises vendues par commission, ou valeur d'icelles, sur le Marchand forain propriétaire; de cinq cens écus d'amande à l'encontre de celui qui les aura reçues & vendues sous son nom par commission, & ladite amande sans recours & sans que pareillement les Commettans forains puissent demander aucun compte au commissionnaire de la marchandise envoyée pour vendre par commission.

Et pour éviter aux abus qui se pourroient commettre, lesdits Marchands habitans desdites Villes ne pourront tenir boutiques, ni vendre marchandises, hors le temps des foires, qu'ès Villes desquelles ils seront habitans & èsquelles ils font leur continuelle résidence, & sans qu'ils puissent tenir boutiques ès autres Villes, avoir aucune compagnie, participation ou association de marchandises avec aucun desdits Marchands forains, sur peine de déchoir de tout droit de bourgeoisie, & d'être à jamais reputés forains, & de cinq cens écus d'amande à l'encontre de chacun des compagnons & associés, & outre de paier le sol pour livre de toute la marchandise qu'ils pourront avoir vendue pendant & constant ladite association; & à cette fin est enjoint auxdits Marchands tenir bons & fidels registres & papiers de raison, tant de l'achapt que vente de leurs marchandises, contenant iceux registres le nom des personnes desquelles ils auront achetté lesdites marchandises, les qualités d'icelles, & les personnes auxquelles elles auront été vendues, & le prix d'icelles, pour y avoir recours quand besoin sera.

Et à ce que les fraudes, abus & malversations qui se commettront, soient plus facilement averés, avons ordonné, voulons, ordonnons & nous plaît par ces présentes, que les deniers provenans desdites confiscations & amandes soient appliqués, à sçavoir: le tiers à Nous, le tiers aux vendeurs, & l'autre tiers aux dénonciateurs, les frais de Justice préalablement déduits & rabatus sur la totalité de la somme que lesdits Vendeurs & Dénonciateurs recevront par leurs simples quittances, par les mains du Receveur qui les aura reçus, lequel sera tenu au payement par toutes les voies & contraintes, comme pour nos propres deniers, dettes, & affaires, & sans que pour ce ils puissent prétendre, demander ni exiger aucune chose.

Ne seront toutefois reputés Forains les Ouvriers & Façonniers demeurans dans les enclaves des Baillages, Prévôtés & Vicomtés, lesquels en la forme & maniére accoutumée, pourront apporter ès Villes desdites Prévôtés & Vicomtés, leurs denrées, ouvrages & manufactures, & icelles vendre en pleines halles, sans qu'ils soient tenus payer le sol pour livre.

Et pour l'effet que dessus en chacune desdites Villes de notredit Royaume, seront établis Bureaux selon la qualité de chacune marchandise, en chacun desquels avons dès à présent créé & érigé, créons & érigeons par ces présentes, en chef & titre d'offices formés, tel nombre de vendeurs desdites marchandises, qu'il sera advisé nécessaire & convenable pour la vente desdites marchandises, soit au content ou à terme, selon & ainsi que l'on a accoutumé vendre lesdites marchandises, & selon le mémoire pris & changé qu'ils auront des Marchands auxquels lesdites marchandises appartiendront, lesquels les ayant fait descendre ès lieux, & icelles exposé & fait exposer en vente, ne les pourront retirer qu'elles ne soient entiérement vendues.

Lesquels Vendeurs, vendant ladite marchandise au comptant, seront tenus payer & délivrer les Marchands du prix desdites marchandises vendues comptant, vingt-quatre heures après la vente d'icelles, & vendant à terme, seront tenus faire les dettes bonnes & déclarer & bailler par mémoire signé de leurs mains, aux Marchands auxquels appartiendront lesdites marchandises, le nom des personnes auxquels elles auront été vendues & pour quel prix, que lesdits Marchands pourront faire signifier aux débiteurs pour plus grande sûreté de leurs deniers : lesquelles dettes lesdits Vendeurs seront tenus faire bonnes & valables, & icelles payer & acquitter en leurs propres & privés noms, quinze jours après le terme échu au plus tard, sur peine de tous dépens, dommages & intérêts du Marchand, provenant à cause du retardement du payement de son du, lesdits quinze jours passés & expirés, & sans qu'ils soient tenus pour ce, faire aucune sommation ni demande en Justice, & à cette fin, outre les cedules qu'ils retireront des acheteurs, feront iceux Vendeurs signer sur leurs registres de ventes, lesdits acheteurs & répondans, pour en vertu de ce, contraindre iceux acheteurs au payement des sommes dues, par emprisonnement de leurs personnes, en la forme & maniére que les vendeurs de marée, bétail & vin de certedite Ville de Paris.

Des marchandises qui leur seront addressées, avanceront les voitures & impositions s'il leur est demandé & en sont requis par les Marchands auxquels lesdites marchandises appartiendront, dont ils se rembourseront sur les premiers & plus clairs deniers du prix de la vente desdites marchandises, ensemble de l'intérêt desdits deniers, pour le temps qu'il aura été déboursé, à raison de dix pour cent par an.

Pour la sûreté des deniers des Marchands, ceux qui seront pourvus desdits Offices de Vendeurs, avant que pouvoir entrer en l'exercice desdits états & offices, seront tenus bailler bonne & suffisante caution duement certifiée, pour telle somme de deniers qu'il sera avisé convenable en chacune Ville, ayant égard à la qualité des marchandises dont ils s'entremettront.

Feront iceux Vendeurs une bourse commune & seront responsables les uns pour les autres, envers les Marchands desquels ils vendront la marchandise, & se comporteront en l'exercice de leurs Etats & Offices, en tant que faire se pourra, en la forme & maniére & selon le réglement des vendeurs de marée & bestial de la ville de Paris.

Et en considération tant de leurs peines, vacations, avance de deniers, que réponse du dû des Marchands, auront lesdits Vendeurs six deniers pour livre, faisant moitié du sol pour livre provenant du prix de la vente desdites marchandises, lesquels six deniers à eux ainsi octroiés, ils retiendront par leurs mains, & les autres six deniers restans seront reçus par celui qui sera par Nous commis à la recette.

Et ne pourront lesdits Vendeurs faire ni exercer aucun fait de marchandise, ni avoir part, compagnie ou association de marchandise avec aucun Marchand.

Et pour l'assiduité qu'ils doivent rendre en leurs charges & offices, soin & diligence qu'ils doivent prêter, adresser & rendre compte aux Marchands desquels ils auront vendu les marchandises, que seureté des deniers desdits Marchands, avons iceux Vendeurs exemptés & affranchis, exemptons & affranchissons par ces présentes de toutes charges publiques.

Si donnons en mandement à nos Amés & Feaux les Gens tenans notre Cour de Parlement de Paris, & à tous autres qu'il appartiendra, que notre présent Edit & Réglement, ils fassent lire, publier & registrer en notredite Cour, & icelui faire garder & observer selon sa forme & teneur, contraignant à ce faire, souffrir & obéir tous ceux qui pour ce seront à contraindre par toutes voies dues & raisonnables: Car tel est notre plaisir. Et afin que ce soit chose ferme & stable à toujours, nous avons fait mettre notre Scel auxdites présentes, sauf en autres choses notre droit & l'autrui en toutes. Donné à Paris au mois de Mars, l'an de Grace mil cinq cent quatre-vingt six, & de notre régne le douziéme. *Signé* HENRI, & au bas est écrit *Visa*. Et au-dessous, par le Roi étant en son Conseil, BRULART; scellé du grand Scel de cire verte, sur lacs de soie.

Lû, publié & registré, ouï & consentant le Procureur Général du Roi, à Paris, en Parlement, le Roi séant; le seiziéme jour de Juin, l'an mil cinq cent quatre-vingt six. DEHEVEZ.

EDIT du Roi HENRI IV, portant Réglement général & Statut, sur tous les Arts & Métiers, en interprétation de celui du mois d'Avril 1581.

Avril 1597.

HENRI, par la grace de Dieu, Roi de France & de Navarre; à tous présens & à venir, SALUT. Les Royaumes & Empires n'étant maintenus sous la légitime obéissance de leurs Princes & Souverains Seigneurs, que par le moien des Loix & Ordonnances qui sont établies pour l'ordre, exercice & administration de toutes sortes de fonctions, trafics, négociations, arts & métiers; il a été jugé très-utile & nécessaire par les Rois nos Prédécesseurs, (d'après plusieurs autres belles institutions) que tous Marchands vendans par poids ou mesures, quelque sorte de marchandises que ce fut, & ceux qui exercent quelques arts ou métiers, que ce soit en boutiques ouvertes, magasins, chambres, atelliers, ou autrement, fussent tenus & astraints auparavant que de pouvoir entrer auxdits exercices, prendre Lettres d'un par eux établi, qui étoit nommé le Roi des Merciers, auquel étoient attribués certains droits pour lesdittes Lettres, avec autres droits pour les visitations & apprentissages, qui se levoient de six mois en six mois. Lequel en cette considération étoit tenu de faire observer les Ordonnances & Statuts prescrits pour chacune espèce desdits exercices. Ce qu'aiant été supprimé par le feu Roi François premier, & réuni à la Couronne, pour en jouir par lui & ses Successeurs, lesdits droits ont été depuis négligés & usurpés par quelques particuliers, lesquels n'ont laissé de prendre ladite qualité de Roi des Merciers, & pareillement par les Jurés & Gardes des Communautés, tant de Marchands, qu'Artisans, sans en avoir fait à nosdits Prédécesseurs & à Nous aucune reconnoissance, commettant sous ce prétexte infinis abus & malversations, auxquelles le feu Roi dernier décédé, notre très-honoré Seigneur & Frere, que Dieu absolve voulant pourvoir, auroit par son Edit du mois de Décembre mil cinq cent quatre-vingt-un, fait & ordonné plusieurs beaux Réglemens sur tous lesdits arts & métiers, pour l'établissement général des maîtrises en tout cedit Roiaume, auquel toutefois il auroit été obmis l'ordre & police qui se doit pratiquer en la négociation, vente & distribution de toutes sortes de marchandises & perception desdits droits réunis à cette Couronne. Lequel Edit, au moien des guerres & troubles survenus en cedit Roiaume, auroit été révoqué, & partant demeuré infructueux & non exécuté, qui a fait continuer tous les débordemens qui s'exercent maintenant parmi les Communautés desdits Marchands & Artisans, tant des Villes & lieux non Jurés, qu'ès Villes & lieux Jurés de cedit Roiaume, soit en ce qui concerne la nourriture, logis & vêtemens de nos Sujets, qu'entretênement de leur santé; cela procédant tant de leur avarice & mauvaise volonté, que de leur ignorance & incapacité, à la grande perte & dommage de tous nos Sujets. A cause de quoi, & qu'il ne se reconnoissoit auxdits exercices aucune chose digne de leur ancienne splendeur, lors de notre avénement à cette Couronne: comme encore recemment en notre Ville de Rouen plusieurs plaintes nous en auroient été faites. Pour à quoi pourvoir & donner ordre qu'il n'y ait doresnavant aucune altercation, division & jalousie entre les Marchands, Maîtres des arts & métiers Jurés, & ceux qui ne sont encore pourvus desdites maîtrises Jurées, & que notredit Roiaume soit réduit & policé pour le fait desdites négociations, manufactures, trafics, arts & métiers, par un bon & général réglement, au bien & soulagement de notre peuple, éviter aux partialités, monopoles, longueurs & excessives dépenses qui se pratiquent journellement, au très-grand intérêt & dommage des pauvres Artisans desirans obtenir le degré de maîtrise; & aussi afin que nous puissions à l'avenir recevoir le bien & commodité qui nous peut provenir de tous lesdits droits, & nous en servir en l'extrême nécessité de nos affaires; spécialement pour satisfaire aux très-justes dettes dont nous sommes redevables aux Colonels & Capitaines Suisses, qui avec leurs vies & moiens nous ont secourus & aidés à la conservation de cet Etat, auquel nous affectons & destinons tous les deniers qui en proviendront: Sçavoir faisons, qu'aiant eû sur ce l'avis d'aucuns Princes de notre sang, Gens de notre Conseil d'Etat, & de plusieurs notables personnages & principaux de nos Officiers convoqués & assemblés en notre Ville de Rouen, pour le bien de ce Roiaume, avons par celui notre présent Edit perpétuel & irrévocable, dit, statué, voulu & ordonné, & de notre certaine science, pleine puissance & autorité Royale, disons, statuons, voulons & ordonnons ce qui ensuit.

I. A sçavoir, que ledit Edit & Réglement général dudit mois de Décembre mil cinq cent quatre vingt-un, sur tous & chacun lesdits Arts & Métiers, de quelque qualité & espèce qu'ils soient, ci attaché sous le contre-scel de notre Chancellerie, sera exécuté, gardé, entretenu & inviolablement observé de point en point, selon sa forme & teneur, par tous les lieux & endroits de celui notre-dit Roiaume, Terres & Seigneuries de notre obéissance, sans qu'il y soit, ni puisse être par ci-après contrevenu en quelque sorte & maniere que ce soit, même en ce qui concerne la création de trois Maîtres de chacun desdits arts & métiers, sans faire aucun chef d'œuvre ni expérience, comme il est mentionné par l'onziéme Article dudit Edit, lequel pour plusieurs grandes & particuliéres considérations à ce nous mouvans, voulons & ordonnons, & nous plaît avoir lieu, à la charge que ceux qui seront par nous élus & choiſis, comme capables pour être admis & reçus auxdites maîtriſes, nous paieront la finance qui ſera pour ce taxée en notre Conſeil eû égard à l'eſpèce & qualité de l'art ou métier dont ils prendront Lettre, en la forme accoutumée.

II. Et afin de ne rien faire contre les anciennes inſtitutions & ordonnances, au préjudice de noſdits Sujets & de la choſe publique, & empêcher pluſieurs abus qui ſe pourroient commettre ſous la faveur des termes dudit Edit, Statut & Réglemement général, & pour ne rien obmettre de l'ordre que nous voulons & entendons être ſuivi en l'établiſſement d'une réformation & police ſi néceſſaire : nous voulons & ordonnons, en interprétant ledit onziéme Article, que ceux qui voudront être reçus aux Maîtriſes des arts d'Apoticairerie, Chirurgie & Barberie, ſoient tenus de ſouffrir l'examen & expérience, ſommaires toutes fois, par devant les Commiſſaires qui ſeront par nous commis & députés ſuffiſans & capables à cet effet, pour éviter aux animoſités, partialités, vindictes, longueurs & exceſſives dépenſes qui ont accoutumé d'être faites & pratiquées en tel cas, en la préſence & aſſiſtance d'un Docteur en Médecine, & de quatre Maîtres deſdits arts, habitans des lieux, d'autant que pour l'exercice d'iceux arts, il eſt beſoin d'une plus particuliére connoiſſance & expérience, ayant pour ce ſujet la diſpenſation, compoſition & adminiſtration des remédes qui reſtituent & entretiennent la ſanté du corps humain : Pour ſur les certifications qui ſeront faites par leſdits Commiſſaires, de leur capacité, être reçus, après nos droits payés pour ladite maîtriſe ès mains de celui qui ſera par nous commis à la recette générale des deniers qui proviendront tant dudit Réglement général, que de l'exécution du préſent Edit, ou de ſes Commis porteurs de ſes quittances ; de laquelle réception leur ſera baillé acte qui leur ſervira de toutes Lettres avec ladite quittance, ſuivant & conformément audit Edit & Réglement général ci, comme dit eſt, attaché.

III. Conſéquemment ſuivant ce qui eſt porté par le premier & deuxiéme Article dudit Statut & Réglement général & iceux amplifiant en tant que beſoin eſt ou ſeroit, ordonnons que tous Marchands vendans par poids ou meſures, & tous autres faiſans profeſſion de quelque trafic de marchandiſe, art ou métier que ce ſoit, en boutiques ouvertes, magazins, chambres, ateliers ou autrement, ès Villes, Fauxbourgs, Bourgs, Bourgades & autres lieux où leſdites Maîtriſes Jurées ne ſont encore établies, ſeront indifféremment tenus de prêter le ſerment de Maîtriſe, huit jours après la publication deſdites préſentes & dudit Edit & Réglement général, aux jours d'audiance des Juſtices dont ils ſeront dépendans & reſſortiſſans, par devant leſdits Juges ordinaires des lieux, duquel ſerment leur ſera délivré acte, comme dit eſt, par vertu des quittances qu'ils feront aparoir de la finance qu'ils auront paiés, fors & excepté ceux qui exercent lesdits arts d'Apoticairerie, Chirurgie & Barberie; lesquels auparavant que de prêter lesdits sermens, seront tenus de souffrir l'examen & faire expérience sommaires, par devant lesdits Commissaires seulement, pour sur les certifications qui leur seront faites de leur capacité par lesdits Commissaires, être reçus & admis auxdites Maîtrises en la forme & maniére qu'il est ci-devant ordonné. A quoi satisfaire & obéir tous lesdits Marchands & Artisans desdites Villes & lieux non Jurés, seront contraints par toutes voies dues & raisonnables, sur peine de privation à l'avenir de pouvoir plus jouir, user & exercer lesdits trafics, négociations, arts & métiers, en quelque sorte & maniere que ce soit, & au paiement de la finance à quoi ils seront taxés, chacun en droit soi, seront contraints, comme pour deniers & affaires; dont le plus haut & qualifié desdits Marchands, Arts & Métiers, ne pourra être taxé à plus grande finance que dix écus, & les autres au-dessous d'icelle.

IV. Et d'autant qu'en la plus grande partie des Villes & autres lieux Jurés de ce Roiaume, il n'y a aucuns Gardes Jurés des Marchands, & ne sont reçus en la maîtrise policée & disciplinée en leurs états & exercices, que par aucuns desdits prétendus & supposés Rois des Merciers; nous voulons & ordonnons que huit jours après ladite publication ès dites Villes Jurées, tous Marchands Merciers & autres de la qualité, fassent de nouveau le serment de maîtrise dudit état & exercice de marchandise, en la forme ci-dessus. Cassant & annullant par ces présentes, toutes les Lettres & pouvoirs qui pourroient avoir été baillés par ledit Roi des Merciers, lequel, d'abondant avec ses Officiers & Lieutenans, nous avons éteint, suprimé & aboli, éteignons, suprimons & abolissons par cesdites présentes : avec défenses très-expresses à toutes personnes, de se dire & qualifier Roi des Merciers, & par vertu de ce titre & prétention des pouvoirs y attribués, de s'immiscer de bailler aucunes Lettres de maîtrise, faire visitation, recevoir aucuns deniers, ni faire autres actes dépendans dudit Réglement, sur peine d'être punis comme faussaire, & de dix mille écus d'amande à nous à appliquer. Enjoignons très-expressément à tous les Corps & Communautés des Marchands, tant des Villes & lieux Jurés que non Jurés, incontinent après ladite prêtation de serment, de faire assemblée de leur Corps & Communauté, & par l'avis d'icelle, nommer & élire un ou deux Gardes Jurés, lesquels feront garder & observer les Statuts, Ordonnances & Priviléges faits en faveur desdits Marchands, selon & en la forme contenue par leurs Statuts, qui demeurent en leur force & vertu en ce qu'ils seront conformes, & ne préjudicieront audit Réglement général & à ces présentes.

V. Seront semblablement tenus & contraints, tous les Artisans faisant profession de quelque art ou métier que ce soit, qui ne sont encore établis en maîtrises Jurées, demeurans dedans les Villes où il y a quelques uns desdits arts ou métiers Jurés, de faire & prêter le serment pour être reçus & admis auxdites maîtrises, aux charges & en la forme ci-dessus prescrite & ordonnée.

VI. Au surplus de laquelle exécution, ordre de l'établissement & forme de l'entretenir à l'avenir, nous voulons & ordonnons y être procédé en tout & par tout, suivant ce qui est dit, statué & ordonné par ledit Edit & Réglement général dudit mois de Décembre mil cinq cent quatre-vingt un, en tous les chefs, circonstances & dépendances d'icelui, nonobstant toutes Lettres, priviléges, attributions & autres quelconques à ce contraires, que nous voulons avoir lieu pour quelque cause & occasion que ce soit: & lesquelles nous avons cassées, revoquées & annullées, cassons, revoquons & annullons par cesdites présentes, même celles ci-devant expédiées pour le fait général ou particulier d'aucuns Maîtres artisans des Fauxbourgs, prétendus avoir été ruinés pendant ces troubles, comme préjudiciable à ces présentes & audit Réglement général: comme aussi les contraintes & commissions contre les Jurés, de prendre Lettres de maîtrise. Faisant inhibitions & deffenses à tous particuliers commis à recevoir aucuns deniers provenus de la nature susdite, & tous autres qui poursuivent la levée desdits deniers & réception des Compagnons artisans auxdittes maîtrises, de plus s'entremettre par ci-après, en aucun exercice, levée, maniement & perception desdits deniers en quelque sorte & maniere que ce soit, ne rien faire contre & au préjudice du contenu en cesdites présentes, & dudit Réglement général, à peine de faux & d'être punis exemplairement comme concussionnaires

VII. Tous lesquels Marchands & Artisans demeurans ès Villes, Bourgs & autres lieux de ce Roiaume, Jurés & non Jurés, soit à boutique ouverte, chambre ou magasin, afin d'être maintenus & confirmés aux priviléges, franchises, libertés & immunités qui leur sont concedés par ledit Edit, Statut & Réglement général, & pour demeurer quittes & déchargés de tout ce qu'ils nous pourroient devoir pour les droits ci-dessus déclarés, depuis la réunion faite d'iceux à cette Couronne, par ledit feu Roi François premier jusqu'à présent, seront tenus de nous paier seulement chacun en son particulier, ès mains dudit Commis à ladite recette générale, ou à ses dits Commis porteurs de sesdites quittances sur les lieux; à sçavoir, pour le plus haut & qualifié art ou métier, un écu sol; pour le moien, deux tiers d'écu; & pour le moindre, demi écu; ès Villes principales de notre Roiaume, & Métropolitaines d'icelui, & aux autres Villes, Bourgs, Bourgades, lieux & endroits non Jurés, la moitié desdites taxes, chacun selon sa qualité, eu égard à la différence desdits exercices, arts & métiers ès lieux de la demeure desdits Marchands & Artisans, & ce, quinze jours après ladite publication. Autrement & à faute de ce faire, nous voulons & ordonnons

donnons qu'ils y ſoient contraints par toutes voies dues & accoutumées, comme pour nos propres deniers & affaires, nonobſtant oppoſitions ou appellations quelconques, ſans préjudice deſquelles ne ſera differé. Ordonnons au ſurplus que pour l'avenir, nul ne pourra être reçu ni admis par nos Juges & Officiers Jurés & Gardes, à aucune vacation & trafic ou reçu à maîtriſe, de quelque art & métier que ce ſoit, ſans au préalable avoir paié nos droits contenus & aſſez amplement déclarés, tant par celui notre préſent Edit, que par ledit Réglement général, & fait apparoir de la quittance dudit paiement, ce que nous deffendons très-expreſſément à nosdits Juges, Officiers & Gardes, ſur peine de cinq cens écus d'amande envers Nous, comme auſſi ſur la même peine, ne permettre doreſnavant aucuns banquets & feſtins èsdites réceptions

VIII. Si donnons en mandement à nos amés & feaux Conſeillers les Gens tenans nos Cours de Parlement, Baillifs, Sénéchaux, Prévôts, Châtelains, Vicomtes, leurs Lieutenans, Maires, Echevins, Jurats, Conſuls, Capitouls de Villes, & à tous nos Juſticiers & Officiers qu'il appartiendra, même à tous Juges particuliers ou ſubalternes à qui ce fait pourra toucher; que celui notre préſent Edit de rétabliſſement, Création, Statuts, Réglement général & établiſſement, ils liſent & publient, faſſent lire, publier & enregiſtrer, chacun en ſon reſſort & Juriſdiction, faiſant jouir tous leſdits Marchands & Maîtres par Nous nouvellement créés & établis en maîtriſe, Jurés par vertu d'icelui, des pouvoirs, priviléges, droits & autorités y ſpécifiés, ſans leur faire, mettre ou donner, ni ſouffrir leur être fait, mis ou donné aucun trouble ou empêchement au contraire; & à ce faire, ſouffrir & obéir, contraignent tous ceux que beſoin ſera, & qui pour ce ſeront à contraindre, par toutes voies dues & raiſonnables : car tel eſt notre plaiſir, nonobſtant oppoſitions ou appellations quelconques, & tous Edits, Reglemens, Suppreſſions, Coutumes tant anciennes que modernes, Lettres de Chartres, Priviléges, Exemptions, déclarations, Cahiers d'Etats généraux & particuliers, Mandemens, Deffenſes & autres Lettres quelconques obtenues & à obtenir à ce contraires, auxquelles & à la dérogatoire y contenue, nous avons dérogé & dérogeons par ce dit notre Edit, & parce que d'icelui on pourra avoir affaire en pluſieurs & divers lieux & endroits, nous voulons qu'au Vidimus des préſentes fait ſous Scel Roial, ou collationné par l'un de nos amés feaux Conſeillers Notaires & Sécrétaires, foi ſoit ajoutée, comme au préſent original, auquel en témoin de ce, & afin que ce ſoit choſe ferme & ſtable à toujours, nous avons fait mettre notre Scel. Donné à Saint Germain en Laye, au mois d'Avril, l'an de Grace, mil cinq cent quatre-vingt dix-ſept, & de notre Régne le huitiéme. *Signé* HENRI, & à côté *Viſa*; & plus bas, par le Roi étant en ſon Conſeil, FORGET, & ſcellé du grand Sceau de cire verte en lacs de ſoie rouge & verte.

ARRET DE PARLEMENT.

RENDU au profit des Maîtres & Gardes des Marchands Epiciers & Apoticaires Epiciers de la Ville & Fauxbourgs de Paris.

CONTRE l'Abbé de Saint Germain des Prés, & les Apoticaires & Epiciers dudit Fauxbourg, pour la visite des drogues, compositions, poids & balances.

Du 7 Septembre 1638.

LOUIS, par la grace de Dieu, Roi de France & de Navarre, au premier des Huissiers de notre Cour de Parlement, ou autre notre Huissier ou Sergent sur ce requis, Sçavoir faisons, comme le jour & datte des présentes, comparans en notredite Cour de Parlement, Pierre Naudin, Philippe Arnoullet & Abraham Petit, Maîtres Apoticaires & Epiciers à Saint Germain des Prés, Appellans des Sentences rendues par le Bailli dudit Saint Germain, les 16 Juillet 1633, 14 Janvier & premier Avril 1634, taxe & exécutoire de dépens & de tout ce qui s'en est ensuivi, & Deffendeurs d'une part; & les Maîtres & Gardes Apoticaires & Epiciers de la Ville & Fauxbourgs de Paris, Intimés & Demandeurs en désertion, suivant la Commission du 23 Décembre 1633, & entre Nicolas Borin, Juré Apoticaire & Epicier dudit Saint Germain, reçu Partie intervenante, suivant sa Requête du 25 Juin 1636, & lesdits Naudin, Arnoulet & Petit; & lesdits Maîtres & Gardes de Paris, Deffendeurs; & entre Messire Henri de Bourbon, Evêque de Metz, Abbé commendataire de l'Abbaie dudit Saint Germain des Prés, aussi reçu Partie intervenante, suivant sa Requête du 23 Juillet audit an; & lesdits Maîtres & Gardes Epiciers & Apoticaires, Marchands Grossiers de cette Ville & ceux dudit Fauxbourg, Deffendeurs. Et entre lesdits Maîtres & Gardes Epiciers & Apoticaires, Marchands Grossiers de cette Ville, Demandeurs en Requête du 14 Novembre 1636; & lesdits Jurés Apoticaires dudit Fauxbourg, Défendeurs; & entre lesdits Maîtres & Gardes de l'Epicerie, Grosserie, & Apoticairerie de cette Ville, Demandeurs en autre Requête du 16 Février 1637. Et lesdits Maîtres Apoticaires & Epiciers dudit Fauxbourg, Deffendeurs. Et entre lesdits Maîtres Jurés Apoticaires & Epiciers dudit Fauxbourg, Demandeurs en lettres, en forme de Requête civile du 6 Juin, audit an; & lesdits Maîtres & Gardes de la marchandise d'épicerie, grosserie, droguerie & apoticairerie de cette Ville, Deffendeurs. Et entre ledit de Bourbon, en ladite qualité d'Abbé appellant de la Sentence dudit 16 Juillet, & Demandeur, aux fins de sa Requête du 4 Mai dernier; & lesdits Maîtres & Gardes de la

Ville & Fauxbourgs, Intimés & Deffendeurs d'autre, ou les Procureurs desdites Parties. Et vû par notredite Cour lesdites Sentences; la premiere dudit 16 jour de Juillet, par laquelle lesdits Naudin, Arnoulet & Petit, auroient été condamnés par deffaut, à paier auxdits Maîtres & Gardes Apoticaires Epiciers de cette Ville, leur droit de visite, & ès dépens, liquidés pour chacun, à six sols Parisis & ès frais de ladite Sentence. La seconde, dudit 14 Janvier, par laquelle Parties ouies, & faute d'avoir par lesdits Naudin, Arnoulet & Petit, relevé leur Appel de la Sentence dudit 16 Juillet, icelui Appel auroit été déclaré desert; ordonné que ladite Sentence seroit exécutée & condamné ès dépens. La troisieme dudit premier Avril, par laquelle, en conséquence des précédentes Sentences, nonobstant l'Appel desdits Arnoulet & Petit, & sans préjudice d'icelui, ils auroient été condamnés à payer ledit droit de visitation qui étoit de cinq sols & dépens liquidés à six sols Parisis, & ès frais de ladite Sentence. Exécutoire de dépens du 20e jour de Mars 1634, de la somme de cent quinze sols, adjugés par la Sentence dudit 16 jour de Juillet, contre lesdits Naudin, Arnoulet & Petit; lesdites Lettres de désertion dudit 23 Décembre, de l'appel de la Sentence du 16 Juillet. Arrêt dudit 27 Novembre 1635, par lequel, sur lesdites appellations, lesdites Parties auroient été apointées au Conseil &c. Production desdites Parties; conclusion de notre Procureur Général: Tout joint & consideré: NOTREDITE COUR, sans s'arrêter auxdites fins de non-recevoir sur les appellations interjettées par lesdits Naudin, Arnoulet & par ledit Abbé, demande en désertion desdits Maîtres & Gardes de Paris, interventions & oppositions desdits Abbé & Borin: Ensemble sur lesdites Lettres en forme de Requête civile & instance de Requête des 7 & 14 Juin, a mis & met les Parties hors de Cour & de Procès; & faisant droit sur les demandes desdits Maîtres & Gardes de Paris, contenues en leur Requête desdits 14 Novembre & 16 Février, les a maintenus & gardés, maintient & garde en la possession & jouissance du droit de faire la visite des drogues, marchandises & épiceries, sur lesdits Epiciers & Apoticaires dudit Fauxbourg, aux jours accoutumés; & outre, de visiter les poids, mesures & ballances, en toutes les boutiques des Marchands dudit Fauxbourg Saint Germain, privativement auxdits Epiciers, Apoticaires & autres Marchands dudit Fauxbourg, & feront le rapport desdites visitations, par devant le Prévôt de Paris ou son Lieutenant, & les demandes qui seront adjugées, appartiendront audit Abbé. Fait deffenses auxdits Epiciers & Apoticaires dudit Fauxbourg, de les y troubler & empêcher, sauf à eux à faire les visites audit Fauxbourg, sur lesdites drogues, marchandises & épiceries, ainsi qu'ils ont accoutumés, le tout sans dépens. Si te mandons, en notre Parlement, le septiéme jour de Septembre, l'an de Grace mil six cent trente-huit, & de notre Régne le vingt-neuviéme. Signé par la Chambre. GUIET.

ARRET du Parlement qui fait deffenses à l'Abbé de Saint Germain des Prés, de recevoir aucune personne à la qualité de Marchand Mercier dans le Fauxbourg Saint Germain.

9 Mars 1641.

ENTRE les Maîtres & Gardes de la marchandise de mercerie, grosserie & jouaillerie de cette Ville de Paris, Demandeurs selon la clause insérée en leurs lettres de relief d'appel obtenues en Chancellerie, le 10 Mars 1635, d'une part: Et Messire Henri de Bourbon, Evêque de Metz, Prince du Saint-Empire, Marquis de Verneuil, Abbé commendataire de l'Abbaie de Saint Germain des Prés, prenant le fait & cause pour son Procureur Fiscal, Deffendeur d'autre; & encore ledit sieur Abbé, M. Louis de Fontenay sieur de Lherbotiére, Bailli du Baillage dudit Saint Germain des Prés, & Me. Jean Germain, Avocat en Parlement, & Procureur Fiscal audit Baillage, deffendeurs d'autre. Vû par la Cour lesdites lettres de relief d'appel en forme de Commission du dixiéme Mars 1635, à ce que deffenses fussent faites audit sieur Abbé de l'Abbaye Saint Germain des Prés, de délivrer aucunes provisions ou Lettres de Marchand Mercier, Grossier & Jouaillier dans le Fauxbourg dudit Saint Germain des Prés, & que toutes celles qu'il avoit octroyées, fussent déclarées nulles & de nul effet & valeur; avec deffenses aux particuliers pourvus de s'en aider, ni se qualifier en conséquence d'icelles, Marchands Merciers, Grossiers & Jouailliers audit Fauxbourg Saint Germain, ni en faire les fonctions & tenir boutique ouverte, laquelle ils seront tenus fermer, & à ce contraints par saisie de leurs biens & emprisonnement de leur personne; & que deffenses fussent pareillement faites audit Bailli & Lieutenant en ladite Justice, d'en recevoir en conséquence desdites provisions, sous telles peines qu'il plaira à la Cour, & de tous dépens, domages & intérêts; ensemble au Procureur fiscal en ladite Justice, de prendre conclusions sous les mêmes peines. Deffenses dudit sieur Abbé, prenant le fait & cause pour son Procureur fiscal. Repliques desdits Maîtres & Gardes. Deux appointemens en droit des 12 & 23 Juin 1637. Production desdits Maîtres & Gardes suivant ledit appointement du 23 Juin, par eux pris & obtenu. Forclusions de produire suivant icelui, faites tant par ledit sieur Abbé que par lesdits Bailli & Procureur fiscal. Production dudit sieur Abbé, prenant le fait & cause pour sesdits Bailli & Procureur fiscal audit Baillage, suivant ledit appointement du 12 Juin, par lui pris & obtenu. Requête desdits de Fontenay & Germain du 18 Novembre 1641, par laquelle pour toutes écritures & productions ils auroient employé ce qui auroit été écrit & produit par ledit sieur Abbé. Contredits desdites Parties suivant l'Arrêt du 15 Mars 1639. Salvations desdits Maîtres & Gardes dudit sieur Abbé prenant le fait & cause pour sesdits Bailly & Procureur fiscal. Arrêt du huitiéme du présent mois de Mars, entre lesdits Maîtres & Gardes demandeurs en Requête par eux presentée le 19 Novembre dernier, à ce qu'ils fussent reçus opposans à l'exécution dudit appointement du 12 Juin, pris par ledit sieur Abbé, prenant le fait & cause pour sesdits Officiers en la Justice dudit Saint Germain des Prés; Et ayant égard à ladite opposition, il fût ordonné que les mots de prenant le fait & cause inserés audit appointement, seroient rayés. Ce faisant, que tant ledit sieur Abbé que sesdits Bailli & Procureur fiscal, demeureront tous parties, ainsi qu'ils étoient compris dans ledit appointement du 23 Juin, pris & obtenu en l'Instance principale, par lesdits Maîtres & Gardes, lequel seroit exécuté d'une part, & ledit de Bourbon Abbé de Saint Germain des Prés, deffendeur d'autre; Par lequel auroit été ordonné que lesdits appointemens des 12 & 23 Juin, ne vaudroient que pour un : ce faisant, seroit passé outre au Jugement de l'Instance avec toutes les Parties, & sans que les qualités leur puissent nuire ni préjudicier, dépens réservés. Acte de redistribution du 30 Avril 1641. Conclusions du Procureur général du Roi, & tout consideré. DIT a été que ladite Cour a fait & fait inhibitions & deffenses audit sieur Abbé de Saint Germain des prés, de délivrer aucunes Lettres de provisions de Marchand Mercier, Grossier & Jouaillier dans ledit Fauxbourg Saint Germain : & auxdits Officiers dudit sieur Abbé, de recevoir aucune personne en ladite qualité de Marchand Mercier, en vertu desdites Lettres, ou quelqu'autres Lettres qui pourroient être obtenues; & sur la demande dudit sieur Abbé, faite par son avertissement, à ce que sesdits Officiers soient maintenus & gardés en la possession & jouissance de recevoir & faire prêter le serment aux Marchands Merciers qui s'établiront dans ledit Fauxbourg Saint Germain des Prés, visiter & juger des rapports & malversations d'iceux, a ordonné & ordonne que lesdites Parties contesteront plus amplement dans quinzaine, par devant le Rapporteur du présent Arrêt, produiront & bailleront contredits & salvations dans le temps de l'Ordonnance; pour ce fait & rapporté ordonner ce que de raison, sans dépens. Prononcé le vingt neuviéme jour de Mars, mil six cent quarante deux. *Signé* GUYET.

ARRET DU PARLEMENT,

CONTRE les Officiers du Baillage de Saint Germain des Prés, au sujet des visites des Maîtres & Gardes de la Mercerie, dans l'étendue dudit Baillage.

6 Août 1661.

LOUIS, par la grace de Dieu, Roi de France & de Navarre, au premier des Huissiers de notre Cour de Parlement, ou autre Huissier ou Sergent sur ce requis; SÇAVOIR FAISONS : qu'entre Messire Henri de Bourbon, Abbé Commendataire de l'Abbaie de St. Germain des Prés, & les Religieux de laditte Abbaie, Appellans, tant comme de Juge incompétent qu'autrement, d'une Sentence rendue par le Prévôt de Paris ou son Lieutenant civil, le 15 Février 1648, d'une part, & les Maîtres & Gardes de la marchandise de mercerie, grosserie & jouaillerie de cette Ville de Paris, Intimés; & entre lesdits Maîtres & Gardes Appellans de l'Ordonnance rendue par le Bailli de Saint Germain, le sept Février mil six cent cinquante, & de tout ce qui s'en est ensuivi, Intimés; & Nicolas Caron, Ezéchiel Jacob, Jean Dauger, & Honnorée de Fexelles veuve de Jacques Fontaine, vivant marchand, demeurant en la Ville d'Amiens, Intimés & Appellans, tant de Juge incompétent qu'autrement, de la visite faite par lesdits Maîtres & Gardes, des marchandises desdits Caron & consorts, en la foire de Saint Germain, de l'année mil six cent cinquante; Sentence donnée en conséquence par le Lieutenant civil au Châtelet de Paris, le vingt Février audit an, & encore entre Me. André Burideau, Avocat en la Cour, exerçant la charge de Bailli dudit Saint Germain des Prés, & autres Officiers dudit Baillage, appellans aussi, tant comme de Juge incompétent qu'autrement, de la permission d'informer, information, décret d'ajournement personnel décerné contre ledit Burideau, & de prise de corps contre lesdits Officiers, rendu par le Lieutenant Civil, & de tout ce qui s'en est ensuivi à la requête desdits Maîtres & Gardes, & ledit Burideau & Intimé; & entre Nicolas Hacq marchand Sergetier de ladite Ville d'Amiens, & Henri Lestocq marchand à Paris, aussi appellans, tant comme de Juge incompétent de ladite permission d'informer contre eux, décernée par ledit Lieutenant Civil, & de tout ce qui s'en est ensuivi, même ledit Hacq de son emprisonnement; & entre Nicolas Bellot soi disant Marchand drapier audit Fauxbourg Saint Germain des Prés, appellant de la permission d'informer, information décret décerné par ledit Lieutenant Civil, emprisonnement fait de sa personne & de tout ce qui s'en est ensuivi; & encore entre lesdits Maîtres & Gardes appellans tant comme de Juge incompétent qu'autrement, de toute la procédure faite par le Bailli de Saint Germain, & ordonnance apposée au bas de la Requête présentée audit Bailli ledit jour sept Février mil six cent cinquante, ensemble de l'emprisonnement & détention faite de la personne de Pierre Gousse, Clerc du Bureau desdits Gardes, ès prisons dudit Saint Germain des Prés, de l'ordonnance verbale & autorité privée dudit Bailli; & lesdits Nicolas Hacq & Ezechiel Jacob, Nicolas Caron, Jean Delastre, Jacques Guignon, Adrien Cornet, Adrien d'Amiens, Antoine Pierre, Antoine Boetel & Etienne Delastres, Intimés, & encore ledit Burideau, Bailli dudit de Saint Germain, Intimé & pris à partie en son propre & privé nom; & encore entre les Prévôts & Echevins de la Ville d'Amiens, reçus parties intervenantes en l'Instance, suivant leur Requête du vingt-cinq Janvier mil six cent cinquante un; & lesdits Ezechiel Jacob, Jean Daujers & consorts, Deffendeurs; & entre ledit Henri de Bourbon, Abbé de ladite Abbaie de Saint Germain, & les Religieux, Prieur & Couvent de ladite Abbaie, aussi reçus Parties intervenantes en l'Instance d'entre lesdits Maîtres & Gardes & Intimés; & ledit Burideau Intimés, & pris à partie en son nom & Appellant; & lesdits Maîtres & Gardes & Burideau, deffendeurs; & encore entre lesdits Maîtres & Gardes demandeurs en Requête par eux présentée à la Cour le treize Novembre mil six cent cinquante-cinq; & M^e. Antoine Furetiére, Procureur Fiscal audit Baillage, deffendeur; & entre lesdits Maîtres & Gardes demandeurs aux fins d'une commission par eux obtenue en Chancellerie le vingt-deux Décembre mil six cent cinquante & un, & Maître Melchior Dufresne, Bailli de Saint Germain des Prés, deffendeur d'autre. Vu par la Cour la Sentence du quinze Février mil six cent quarante-huit, dattée du vingt-cinq par l'Arrêt d'appointé au Conseil, reformé en vertu de l'Arrêt du vingt-six Novembre mil six cent cinquante-quatre; ladite Sentence rendue en la Chambre Civile dudit Châtelet de Paris, entre les Maîtres & Gardes de la marchandise de mercerie, grosserie & jouaillerie de cette Ville, demandeurs en Requête contenant, qu'en conséquence de leurs Réglemens, Statuts & Ordonnances touchant le fait de leurs trafics & marchandises, à eux concedé par le Roi, & vérifiées en la Cour, & des Sentences dudit Châtelet, des premiers Février, huit Mars, & premier Juin mil six cent quarante-sept, & Commission du cinq Février mil six cent quarante-huit, le Commissaire de Lastre se seroit transporté avec eux le sixiéme dudit mois de Février, en la foire de Saint Germain des Prés, en loges & magasins tenus & occupés pendant ladite foire, par les Marchands tant de cette Ville de Paris que Forains & mentionnés en son procès verbal dudit jour cinq Février, chez lesquels aiant trouvé quantité d'aulnes & demie aulnes, les unes quarrées & les autres de bois rond, marquées de différentes lettres, & aiant lesdits Maîtres & Gardes mésuré icelles dans leurs étallons, auroient trouvés icelles aulnes courtes, & les demies aulnes trop longues, ainsi que le contenoit le Procès verbal dudit Commissaire, c'est pourquoi assignation auroit été donnée à tous lesdits Particuliers par René le Comte, Huissier; ce requerant lesdits Maîtres & Gardes, pour répondre sur le rapport dudit Commissaire d'une part; & Louis Millois & Crépin Désormaux, marchands trouvés en ladite foire, qui auroient dit pour défenses, que lesdites aulnes & demies aulnes leur avoient été données la veille de ladite visite, faite par lesdits Maîtres & Gardes, en ladite foire, par les Officiers du Bailli du Fauxbourg Saint Germain, moiennant douze sols pour chacune aulne, & qu'il leur faisoient paier, & les forçoient à prendre lesdites aulnes; que si elles étoient défectueuses, cela ne provenoit de leur faute, ains dudit Bailli de Saint Germain ou ses Officiers, qui en devoient répondre, d'autre part: laquelle ouï les Parties en leurs plaidoiers, & les Gens du Roi en leurs conclusions, auroit été ordonné, avant faire droit sur les conclusions desdits Gens du Roi, que les Bailli, Procureur Fiscal & Officiers dudit Fauxbourg Saint Germain des Prés, qui avoient fourni lesdites aulnes & demies aulnes, seroient mis au premier jour en la Chambre civile, auxquelles pour cet effet assignation leur seroit donnée pour eux ouis, être ordonné ce que de raison. Arrêt d'appointé du sept Juin mil six cens cinquante-neuf, donné sur l'appel interjetté de ladite Sentence, par lesdits sieurs Abbé & Religieux de Saint Germain des Prés; productions desdits Maîtres & Gardes intimés, faites en conséquence de l'Arrêt du vingt-six Novembre, mil six cent cinquante-quatre, qui leur avoit permis de faire icelle & mettre ès mains du Conseiller Rapporteur, au lieu de celle qui avoit été égarée: Forclusions de fournir de cause d'appel & produire par lesdits Abbé & Religieux de Saint Germain des Prés. Procès verbal fait par ledit Burideau, Bailli dudit Saint Germain des Prés, du sept Février mil six cent cinquante, contenant son transport en ladite foire sur la plainte à lui faite par Nicolas Caron, Adrien Cornette, Etienne Delastre, la veuve Fontaine, Antoine Pierre, Nicolas Hacq, Jean Delaitre, Henri Lestocq, Antoine Boisset, François Comette, Ezéchiel Jacob, Adrien Damiens, Jacques & Jean Guinon, tous Marchands de la Ville d'Amiens, & autres de la dite Ville de Paris, que plusieurs Particuliers se disant Maîtres & Gardes de la marchandise de Paris, s'efforçoient de faire des visites sur eux, outre & au préjudice des droits & franchises de ladite foire, même des Ordonnances, & l'emprisonnement fait de l'ordonnance dudit Burideau, de l'un des Maîtres & Gardes, vêtu de sa robe faisant la visite; permission d'informer dudit Juge, dudit jour sept Février; information par lui faite du contenu en son procès, & prétendu vol y contenu, à la requête du Procureur-Fiscal, poursuite & diligence desdits Particuliers Marchands d'Amiens; décret de prise de corps, décerné par ledit Juge, ledit jour dix Février, à l'encontre desdits Maîtres & Gardes, leurs Clercs & Assistans, portant que le Maître & Garde qui avoit été constitué prisonnier de son Ordonnance verbale, & mis en liberté par le Lieutenant-Civil, seroit réintegré & informé de l'action: le procès-verbal de visite, faite par le Commissaire de Laitre, en présence desdits Maîtres & Gardes du sept Février mil six cens cinquante, contenant les saisies des aulnes des Marchands & poids défectueux desdits Caron, Jacob, Dauger & veuve Fontaine, Pierre Michelet, Antoine Frejau & Consorts: la Sentence donnée en conséquence par ledit Lieutenant-Civil, le vingt-trois Février mil six cens cinquante-trois, par laquelle le poids dudit Michelet avoit été confisqué, pour être défectueux, & lui condamné en douze livres parisis d'amende & aux frais, Antoine Frégan condamné en huit livres parisis d'amende & frais & ordonné que les marchandises saisies sur ledit Jacob seroient vendues, & lui condamné en huit livres parisis d'amende & ès frais; Jean Guignon condamné en huit livres parisis d'amende, & que la piéce sur lui saisie seroit coupée, & après à lui rendue & ès frais, & les marchandises saisies sur Jean d'Argent, coupées en deux, & condamné en quatre livres parisis d'amende & ès frais, Antoine Baudet condamné en huit livres parisis d'amende & ès frais; Nicolas Caron en huit livres parisis d'amende; la veuve Fontaine, Edme Gallard & Claude Dutel aussi condamnés en chacun huit livres parisis d'amende & aux frais, & ordonné que la piéce visitée sur ledit Dutel seroit représentée pour être coupée en deux comme défectueuse, ce qui seroit exécuté, nonobstant opposition ou appellation quelconques, la permission d'informer dudit Lieutenant-Civil; information & décret d'ajournement personnel, décerné contre ledit Burideau, & de prise de corps, contre lesdits Officiers Nicolas Hacq, & Henri Lestocq & Nicolas Vellot: Procès-verbaux d'emprisonnement desdits Hacq & Vellot; autre Arrêt d'apointé au Conseil, à bailler causes d'appel, réponses & produire, du treize Août mil six cens cinquante-un sur l'appel desdits Maîtres & Gardes de la procédure extraordinaire dudit Burideau, & prise à partie contre lui faite, ensemble de l'emprisonnement de la personne de Geusse, Clerc de leur Bureau: causes & moyens d'appel desdits Maîtres & Gardes, contenant leurs conclusions, à ce qu'à l'égard de l'appel par lesdits Gardes interjetté, tant comme de Juge incompétent qu'autrement, de toute la procédure & Ordonnance décernée par ledit Burideau, au bas de la Requête antidatée du sept Février, il fût dit qu'il avoit été mal, nullement & violemment procédé & incompétemment informé, ordonné & décrété contre lesdits Maîtres & Gardes & leurs Clercs, ledit Burideau déclaré bien intimé & pris à partie en son propre & privé nom: Ce faisant, que toute sa procédure fût cassée & annullée, avec défense à l'avenir de plus user de telles voies, ni d'empêcher lesdits Gardes de la Mercerie en leurs visitations de marchandises dépendantes de leurs Corps, étant en ladite Foire, même de plus exciter tumulte pour les y troubler, & pour l'avoir fait condamné en mille livres d'amende, & aux dommages & intérêts desdits Gardes, ensemble aux dépens, tant en demandant qu'en défendant cause principale & d'appel; en second lieu, que l'emprisonnement & détention fait de la personne dudit Geusse, Clerc du Bureau desdits Gardes de la Mercerie ès prisons dudit Saint Germain-des-Prés, de l'Ordonnance verbale dudit Burideau, fût déclarée nulle, tortionnaire & déraisonnable; ordonner que l'écrou de son emprisonnement seroit rayé & biffé; ledit Burideau condamné en ses dommages & intérêts & dépens, tant des causes principales que d'appel; & en troisieme lieu, faisant droit sur l'appel de la même Ordonnance du sept Février mil six cens cinquante, à l'égard des Caron & Consorts, qu'il avoit été mal requis par eux, subordinément mal jugé par ledit Bailli, cependant que défenses leur seroient faites, & à tous autres de troubler, empêcher à l'avenir lesdits Gardes de la Mercerie aux visitations qui leur est permis de faire sur les marchandises dépendantes de leur vocation, étant à ladite foire, & pour le trouble à eux fait & tumulte excité, chacun d'eux condamné solidairement en mille livres d'amende, & en tous dépens, dommages & intérêts, tant en demandant, défendant des causes principales & d'appel: quatre productions desdits Maîtres & Gardes, suivant lesdits Reglemens, des trois Août mil six cens cinquante-un: forclusion de fournir de réponses, & produire par lesdits Caron, Cornette, Delastre, Deflexelles, Pierre Hacq, Delestocq, Boissel, Jacob, d'Amiens & Burideau, Bailli dudit Saint Germain, & de fournir de causes d'appel, & produire par lesdits Daugers, Caron, Jacob, Deflexelles, de Burideau & autres Officiers du Baillage de Saint Germain, Hacq & Lestocq, sur leurs appellations: Requête d'emploi pour causes d'appel dudit Vittot, de son emprisonnement: conclud à ce qu'il fût déclaré nul, injurieux; les Maîtres & Gardes condamnés en une réparation honorable & profitable, & ordonné que l'écrone seroit rayé, & la caution présentée pour l'élargissement de la personne déchargée, avec dommages, intérêts & dépens de l'Instance: Requête d'emploi pour réponses desdits Maîtres & Gardes; productions desdits Vittot & Maîtres & Gardes; copie de la Requête présentée par les Prevôt & Echevins de la ville d'Amiens le vingt-cinq Janvier mil six cens cinquante-un, sur laquelle par Ordonnance de ladite Cour, ils avoient été reçus parties intervenantes contre lesdits Maîtres & Gardes Jacob, Dangers & Consorts: Arrêt d'appointé à bailler moyens d'intervention, réponses & produire, dudit jour quatre Septembre mil six cens cinquante-un; production & requête d'emploi, pour production desdits Maîtres & Gardes sur ladite intervention, forclusion de fournir de moyens d'intervention, & produire par lesdits Prevôt & Echevins d'Amiens la Requête de Messire Henri de Bourbon, Evêque de Metz, Abbé Commandataire de Saint Germain-des-Prés, & Religieux de ladite Abbaye, du vingt Janvier mil six cens cinquante-un, sur laquelle ils auroient été reçus parties intervenantes à l'encontre desdits Maîtres & Gardes & Burideau : Arrêt d'appointé, à bailler moyens d'intervention, réponses & produire, du cinquieme Septembre mil six cens cinquante-un : réponses desdits Abbé & Religieux de Saint Germain-des-Prés aux causes & moyens d'appel desdits Maîtres & Gardes, & leurs moyens d'intervention, contenant leurs conclusions, à ce qu'ayant égard à ladite Requête d'intervention, il fût ordonné que lesdits Abbé & Religieux seroient maintenus en leur droit & possession de toute justice & de police dans leur terre & Seigneurie de Saint Germain & dans la foire dudit lieu ; que défenses seroient faites auxdits Maîtres & Gardes de la Mercerie de Paris, d'aller en visite chez tous les Merciers & Marchands, tant de ladite ville de Saint Germain, que ceux qui alloient dans ladite foire, & à toutes autres personnes & Officiers, sinon en présence & de l'autorité des Officiers dudit Saint Germain, & à la charge que les rapports des malversations qui se trouveroient avoir été commises, seroient faites & jugées audit Baillage, avec défenses de se pourvoir ailleurs, le tout à peine de trois mille livres d'amende, & pour l'entreprise faite par les défendeurs en l'année mil six cens cinquante, & autres, si aucunes ils ont fait, condamner en telle amende qu'il plairoit à la Cour d'ordonner, & en tous les dommages & intérêts envers les Demandeurs, & ès dépens du procès : réponses desdits Maîtres & Gardes, & production desdits Abbé & Religieux, & desdits Maîtres & Gardes : forclusions de fournir des réponses, & produire par ledit Burideau : Requête, commission & demande desdits Maîtres & Gardes des vingt-un Novembre mil six cens cinquante-un & treize Novembre mil six cens cinquante-quatre, à ce que l'Arrêt qui interviendroit, fût déclaré commun avec Me. Melchior Dufresne, Bailli dudit S. Germain, & Me. Antoine Furetiere, Procureur-Fiscal audit Baillage ; & en conséquence que défenses leur fussent faites, & à tous autres Officiers dudit Baillage de Saint Germain-des-Prés, de troubler & empêcher lesdits Demandeurs esdites visitations ordinaires & accoutumées être par eux faites, tant en ladite foire, qu'au fauxbourg Saint Germain & autres lieux, & en cas de contravention, condamnés en tous les dépens, dommages & intérêts desdits Demandeurs, & dès à présent ès dépens de l'Instance & de tout ce qui s'en est ensuivi : défense desdits Dufresne & Furetiere, repliques desdits Demandeurs, appointement en droit des douze & dix-huit Novembre mil six cens cinquante-cinq, production desdits Maîtres & Gardes & Furetiere, forclusions de produire par ledit Dufresne. Arrêt des vingt-trois Février mil six cens cinquante-quatre, vingt-six Janvier mil six cens soixante-cinq, vingt-sept Janvier mil six cens cinquante-sept, par le dernier desquels auroit été ordonné que dans trois mois, lesdits Abbé & Religieux seroient tenus de faire juger l'Instance d'entre les Parties ; cependant que lesdits Maîtres & Gardes pourroient par provision aller en visite à la Foire Saint Germain, assisté de l'un des Huissiers de la Cour qui en dresseroit Procès-verbal pour iceluì rapporté & communiqué au Procureur-Général du Roi, être ordonné ce qu'il appartiendroit; signification desdits Arrêts & forclusion de satisfaire au dernier par lesdits Abbé & Religieux: Procès-verbaux de visite faite par lesdits Maîtres & Gardes des marchandises trouvées ès boutiques de la Foire de Saint Germain, en présence de l'Huissier Cassault, contenant les défectuosités qu'ils avoient trouvées tant esdites marchandises, qu'aunes & mesures des Marchands, en date des cinq Février mil six cens cinquante-sept, sixieme Février mil six cens cinquante-huit, cinq Février mil six cent soixante cinq, neuf Février mil six cens soixante, & sept Février mil six cens soixante-un; autre Arrêt du quatre Mars mil six cens soixante, portant qu'il seroit procédé par saisie des marchandises défectueuses par lesdits Maîtres & Gardes, avec défenses aux Officiers du Baillage de Saint Germain de les y troubler, ce qui seroit exécuté nonobstant oppositions ou appellations quelconques, contredits des Maîtres & Gardes dudit Corps des Marchands Merciers, & Requêtes par eux employées pour contredits, suivant l'Arrêt à contredire du deuxieme Janvier mil six cens cinquante-cinq, déclaré commun; contredits desdits Abbé & Religieux de Saint Germain-des Prés; forclusions d'en fournir par lesdits Caron, Jacob, Daugers, Deflexelles & autres Officiers, conclusions du Procureur-Général du Roi, tout joint & considéré; IL SERA DIT que Notredite Cour, faisant droit sur le tout, sans s'arrêter aux interventions, a mis & met les appellations interjettées par lesdits Maîtres & Gardes des Procédures faites au Baillage de Saint Germain, & ce dont a été appellé au néant, émendant, dit qu'il a été mal, nullement & incompétemment ordonné, procédé & exécuté; déclare ledit Burideau bien intimé, & l'emprisonnement dudit Geusse injurieux, tortionnaire & déraisonnable; ordonne que l'écroue sera rayé & biffé, & sur le surplus des appellations interjettées par lesdits Abbé & Religieux de Saint Germain, Burideau, Caron, Villot & Consorts, les Parties hors de Cour & de Procès, ayant égard aux demandes desdits Maîtres & Gardes des vingt-deux Novembre mil six cens cinquante-un, & treize Novembre dernier, fait défenses aux Officiers dudit Baillage de Saint Germain, de troubler ni empêcher à l'avenir lesdits Maîtres & Gardes en l'exercice de leurs fonctions & visites en la Foire de Saint Germain, à peine de mille livres d'amende, esquelles visites lesdits Maîtres & Gardes se feront assister d'un Huissier du Châtelet, & pour la contravention se pourvoiront lesdits Maîtres & Gardes par devant le Prevôt de Paris: & en cas d'opposition ou appellation verbale ou Procès par écrit, se pourvoiront en la Grand-Chambre du Parlement & non ailleurs, suivant les Déclarations des mois de Juillet mil six cens un, & Janvier mil six cens treize, registrées les onze Septembre mil six cens un, & sept Mars mil six cens treize, le tout sans dommages & intérêts & dépens, condamne lesdits Abbé & Religieux & Consorts en une amende ordinaire de douze livres tournois seulement. SI

MANDONS mettre le présent Arrêt à l'exécution, selon sa forme & teneur; de ce faire te donnons pouvoir. DONNÉ en Notredite Cour de Parlement le six Août l'an de Grace mil six cens soixante-un, & de Notre Regne le dix-neuvieme. Collationné, *Laurent.* Par la Chambre. *Signé*, DUFRANC.

ARREST DU CONSEIL D'ETAT, par lequel le Roi Ordonne que la Police générale de la Ville, Fauxbourgs & Banlieue de Paris, sera faite par les Officiers du Châtelet; avec défenses à tous autres Juges de s'en entremettre.

5 Novembre 1666.

SUR ce qui a été représenté au Roi, étant en son Conseil, que le droit de faire la police générale dans l'étendue de la Ville, Fauxbourgs & Banlieue de Paris, appartient au Prevôt dudit lieu, & ses Lieutenans Civil & Criminel du Châtelet, à l'exclusion de tous autres Officiers Royaux & des justices des Seigneurs particuliers; Sa Majesté auroit donné ses ordres audit Lieutenant Criminel pour, avec son Procureur audit Châtelet, faire ladite police générale, & informer Sa Majesté des abus & désordres qu'ils y auroient remarqué contraires aux Ordonnances, Arrêts & Réglemens de Police, à quoi ayant été par eux procédé en différens jours à ladite Police générale commencée, ils auroient été troublés dans l'exécution desdits Ordres, par la concurrence de plusieurs Officiers desdites justices particulieres, & notamment par le Bailli du Fort-l'Evêque, lequel sans titre & sans pouvoir, se seroit ingéré d'entreprendre semblable visite de police générale; & d'autant qu'il importe d'arrêter le cours de ces sortes d'entreprises contraires au bien public, & qui pourroient empêcher le fruit d'une réformation si utile & si nécessaire par la multiplicité & la confusion de toutes sortes d'Officiers, aux Ordonnances desquels les Bourgeois se trouveroient en peine d'obéir dans la différence des justices. A quoi étant nécessaire de pourvoir : LE ROI ÉTANT EN SON CONSEIL, a ordonné & ordonne que la police générale encommencée par lesdits Officiers du Châtelet, sera par eux incessamment continuée, & à cet effet pourront se transporter dans toutes les maisons, Hôtels, Colléges, Communautés & autres lieux de ladite Ville, Fauxbourgs & Banlieue de Paris, dont ouverture leur sera faite nonobstant tous prétendus priviléges, sur lesquels Sa Majesté se réserve de faire droit en connoissance de cause, ainsi qu'il appartiendra : & en conséquence, a fait Sa Majesté très-expresses inhibitions & défenses à tous les Officiers des Seigneurs haut-justiciers de ladite Ville & Fauxbourgs de Paris, même aux Lieutenans du Grand-Prevôt de l'Hôtel, & Baillif du Palais, d'entreprendre de faire ladite police générale, ni donner aucun trouble auxdits Officiers du

Châtelet, pour raison de ce, & sera le présent Arrêt exécuté, nonobstant oppositions ou appellations quelconques, dont si aucunes interviennent, Sadite Majesté s'en est réservée la connoissance, & icelle interdit à tous autres Juges. Enjoint à son Procureur du Châtelet de tenir la main à l'exécution d'icelui, lequel sera publié & affiché en tous lieux & endroits accoutumés à sa diligence. FAIT au Conseil d'Etat du Roi, Sa Majesté y étant. Tenu à Saint Germain-en-Laye le cinq Novembre mil six cens soixante-six. *Signé* DE GUENEGAUD.

ARREST DU PARLEMENT

PORTANT Enregistrement des Lettres-Patentes du 20 Mars 1675, contenant Rétablissement de la Haute-justice des Commanderies du Temple & de Saint Jean-de-Latran, pour les Enclos & Cours seulement, à la charge que les Arrêts intervenus avant la suppression des justices des Seigneurs de Paris, concernant la prévention, seront exécutés, & sans rien innover pour les rapports des Contraventions faites dans les Arts & Métiers.

7 Septembre 1668.

ENTRE Frere Etienne Tessier de Haute-Feuille, Bailli & Grand-Croix de l'Ordre de Saint Jean de Jerusalem, Ambassadeur extraordinaire dudit Ordre de Malthe, Demandeur en enregistrement des Lettres-Patentes du Roi, données au camp devant Ypres le 20 Mars 1678, signées par le Roi, Colbert, & scellées du grand Sceau de cire verte, d'une part: & les Officiers du Châtelet de Paris, Défendeurs & Opposans à l'enregistrement desdites Lettres-Patentes, d'autre. VU par la Cour lesdites Lettres par lesquelles, pour les causes y contenues, ledit Seigneur Roi en interprétant son Edit du mois de Février 1674, pour la création du nouveau Châtelet, auroit déclaré n'avoir réuni aux Châtelets la Haute-justice des Commanderies du Temple & de Saint Jean de Latran, pour l'Enclos & Cours d'icelles, & en conséquence auroit maintenu & gardé ledit Ordre de Malte, en la possession & exercice de la haute-justice dans les Enclos & Cours du Temple & de la Commanderie de Saint Jean-de-Latran, pour être exercée à l'avenir par un Bailli & autres Officiers nécessaires, aux mêmes honneurs, pouvoirs, prérogatives, droits & privileges pour lesdits Enclos & Cours seulement, que par le passé, comme aussi de la basse-justice pour les cens & rentes & autres redevances des maisons & biens, étant dans a censive des fiefs dépendans desdites Seigneuries du Temple & de Saint Jean-de-Latran, situées dans la Ville, Fauxbourgs & Banlieue de Paris, le tout ainsi que ledit Ordre en a bien & duement joui, sans néanmoins qu'aucuns Artisans & Ouvriers, faisant commerce ou profession de quelqu'art & métier que ce soit, puissent s'établir dans ledit Enclos & Cours du Temple & de Saint Jean-de-Latran, qu'ils ne soient sujets à la visite des Maîtres, Gardes & Jurés de la Ville, lesquelles visites ne pourroient être faites qu'en conséquence des Ordonnances du Lieutenant-Général de Police qui leur en donneroit la permission, & en présence d'un Commissaire au Châtelet, qui seroit par lui nommé: défenses faites au Grand-Prieur-Commandeur, Chevaliers & autres Officiers dudit Ordre, de les y souffrir, à peine d'être déchus de leurs priviléges; & à l'égard du dédommagement dû audit Ordre de Malte, pour ce qui demeuroit ainsi réuni & incorporé à la justice du Châtelet, en exécution dudit Edit du mois de Février 1674, ledit Seigneur Roi auroit accordé par forme d'échange, les droits seigneuriaux pour les échanges des fiefs, terres & domaines qui sont de la mouvance desdites Seigneuries du Temple & de Saint Jean-de-Latran, pour en jouir conformément aux Edits & Déclarations de Sa Majesté du 20 Mars 1673 & Février 1674; comme aussi auroit déchargé ledit Ordre de la contribution de quinze cens livres qu'il étoit tenu paier chacune année, pour aider à la subsistance des Enfans-Trouvés, de laquelle somme ledit Seigneur se seroit chargé du jour de ladite réunion, lesdites Lettres à la Cour adressantes: Requête dudit Tessier de Haute-Feuille, pour l'enregistrement desdites Lettres; Arrêt du vingt Mai dernier, par lequel avant procéder à l'enregistrement desdites Lettres, auroit été ordonné qu'elles seroient communiquées aux Officiers, substituts du Procureur-Général du Roi de l'ancien & nouveau Châtelet, pour donner sur icelles leur consentement, ouy dire autrement ce que bon leur semblera, pour ce fait rapporté & communiqué audit Procureur-Général du Roi, être ordonné ce que de raison: signification desdites Lettres auxdits Officiers, opposition desdits Officiers du Châtelet, & leur Requête du cinquiéme Juillet dernier, emploiée pour moiens d'opposition, concluant à ce que ledit Tessier fût débouté desdites Lettres, en tout cas qu'il fût ordonné que les appellations du Juge du Temple & de Saint Jean-de-Latran, ressortiroient en matiere civile pardevant les Lieutenans-Civils & Officiers desdits Châtelet; & en matiere criminelle, pardevant les Lieutenans-Criminels, aux termes de l'Ordonnauce, & qu'il ne pourroit entrer en possession de ladite justice, qu'il n'eût préalablement indemnisé lesdits Officiers Ladite Requête signée, Lecamus, Ferrand, Delaulne & Bachelier, & Leleu Procureur: Arrêt du 21 dud. mois de Juillet, qui auroit sur lesdites Requêtes & défenses, appointé les Parties en droit; Requête dud. Tessier employée pour réponse auxdites causes d'opposition; production d'icelui Tessier; Requête desd. Officiers du Châtelet employée, pour production; Requête dud. Tessier, du 26 Août dernier, employée pour réponses: acte de reprise faite au Greffe de la Cour, de ladite Instance, du 27 dud. mois d'Août par Messire Philippe de Vendôme, Chevalier dudit Ordre, & Grand-Prieur de France; autre acte de reprise de ladite Instance, par

Frere Christophe Perrot de la Malmaison, Chevalier dudit Ordre, & Commandeur de Saint Jean-de-Latran, du trente-un dudit mois d'Août, concluant à l'enregistrement desdites Lettres, conclusions du Procureur-Général du Roi ; OUI le rapport de Me. Jacques de Geniers, Conseiller ; TOUT CONSIDERÉ : la Cour, sans s'arrêter à l'opposition des Officiers dudit Châtelet, ordonne que lesdites Lettres seroient registrées au Greffe de ladite Cour, pour être exécutées selon leur forme & teneur, & jouir par ledit Ordre de Malte, & Commandeur du Temple & de Saint Jean-de-Latran, de leur effet & contenu, à la charge néanmoins que les appellations des Sentences qui seront données dans lesdits Baillages du Temple & de Saint Jean-de-Latran, ressortiront pour les matieres civiles aux Châtelets, respectivement & en matiere criminelle ès cas portés par les Ordonnances, & que les Arrêts intervenus avant la suppression des justices des Seigneurs de Paris, concernant la prévention, seront exécutés ; sans rien innover pour le rapport des contraventions faites dans les arts & métiers, ni la nomination des Commissaires, dont il sera usé, ainsi qu'il se pratique entre les Officiers du Châtelet, pour les arts & métiers de la Ville, & sauf auxdits Officiers à se pourvoir devers le Roi pour leur indemnité, ainsi qu'ils aviseront bon être. FAIT en Parlement le septiéme Septembre mil six cens soixante-huit. *Signé*, DONGOIS ; & collationné par JOURDAIN.

EDIT DU ROI

POUR l'Etablissement des Arts & Métiers en Communauté.

23 Mars 1673.

LOUIS, par la Grace de Dieu, Roi de France & de Navarre : A tous présens & à venir, SALUT les Rois Henri III. & Henri IV. nos Prédécesseurs de glorieuse mémoire, connoissant la licence & les abus qui s'étoient introduits par ceux qui faisoient commerce de marchandise & denrée, & profession d'Arts & Métiers dans notre bonne Ville & Fauxbourgs de Paris & autres de notre Royaume, pour les tenir dans les régles & dans la discipline nécessaires pour le maintien des Etats, auroient par leurs Edits des mois de Décembre mil cinq cens quatre-vingt-un & Avril mil cinq cens quatre-vingt-dix-sept, vérifiés où besoin a été, fait plusieurs réglemens de tout ce qui devoit être observé à cet égard, & particuliérement ordonné que tous Marchands, Négocians, Gens de métiers & Artisans résidens, & faisant leur profession dans notre Royaume, seroient établis en Corps, Maîtrise & Jurande de tous ceux qui s'y trouveroient de chacun commerce, art & métier qui en seroient capables, sans qu'aucun s'en pût dispenser pour quelque cause que ce soit, pour faire & exercer leurs fonctions, suivant les Statuts qui seroient expédiées expédiés à cet effet pour chacun Corps & Communauté : néanmoins que dans notredite Ville & Fauxbourgs de Paris & autres de notre Royaume où il y a maîtrise & jurande, il y a plusieurs personnes qui s'ingerent de faire commerce de diverses sortes de marchandises & denrées, & d'exercer plusieurs arts & métiers, sans avoir fait chef-d'œuvre, être reçus à maîtrise, ni être d'aucun Corps ou Communauté ; pourquoi d'un côté ils sont journellement troublés dans leurs fonctions par les Maîtres, Gardes & Jurés des métiers qui ont quelque sorte de relation à ceux qu'ils professent, & d'autre côté, ils font ce que bon leur semble dans leurdites professions, n'étant point sujets à aucunes visites ou examen de leurs marchandises ou ouvrages : en quoi le Public souffre un notable préjudice, à quoi nous avons résolu de pourvoir, pour empêcher la continuation de ces désordres, & même d'accorder des renouvellemens des Statuts pour chacun Corps & Communauté, tant de notre Ville & Fauxbourgs de Paris, que des autres de notre Royaume, pour éclaircir les ambiguités qui se trouvent dans ceux qui ont été ci-devant expédiés, qui causent souvent de très-grands procès entre lesdites Communautés : l'expérience ayant fait connoître les choses qu'il est nécessaire d'observer, pour faire que tous ceux de chacune profession s'en acquittent fidelement ; & comme nous avons reconnu dès il y a long-tems que l'usage de faire le poil, & de tenir des bains & étuves, & les soins que l'on apporte à tenir le corps humain dans une propreté honnête, étant autant utile à la santé, que pour l'ornement & la bienséance, par Notre Edit du mois de Décembre 1659, Nous aurions ordonné l'établissement d'un Corps & Communauté de Barbiers, Baigneurs-Etuvistes & Perruquiers, réduits à deux cens, pour en faire profession particuliere, distincte & séparée de celle des Maîtres Chirurgiens-Barbiers, & être ledit état & métier exercé avec Statut, maîtrise & jurande, ainsi que les autres de notre Ville & Fauxbourgs de Paris : & comme l'exécution dudit Edit a été traversée, Nous avons cru être obligé d'y pourvoir, & de régler lesdits Barbiers Baigneurs-Etuvistes & Perruquiers à un nombre proportionné à l'étendue de notre Ville & Fauxbourgs de Paris, & les faire établir en Corps & Communauté, sans aucun retranchement pour les avantages que nos sujets en peuvent recevoir. A CES CAUSES, après avoir fait mettre cette affaire en délibération en notre Conseil qui a vû lesdits Edits de mil cinq cens cinquante-sept, mil cinq cens quatre-vingt-dix-sept & mil six cens soixante-neuf, de l'avis d'icelui, & de notre certaine science, pleine puissance & autorité royale, Nous avons par notre Edit perpétuel & irrévocable dit, statué & ordonné, disons, statuons & ordonnons, Nous voulons & Nous plaît, que lesdits Edits de mil cinq cens quatre-vingt-un & mil cinq cens quatre vingt dix sept, soient exécutés selon leur forme & teneur ; & en conséquence, que tous ceux faisant profession de commerce de marchandises & denrées, & d'arts de toutes sortes & métiers, sans aucuns excepter, tant dans notre Ville & Fauxbourgs de Paris, que dans les autres Villes de notre Roiaume, pays, terres & Seigneuries de notre obeïssance, où il y a maîtrise & jurande qui ne sont d'aucun Corps & Communauté, soient établis en Corps & Communauté & Jurande, pour exercer leurs professions, arts & métiers, encore qu'ils ayent relation à des arts & métiers qui sont en communauté & maîtrise, auquel effet il leur sera accordé des Statuts qui seront expédiés par l'un de nos amés & féaux Conseillers & Secrétaires, & scellés en notre grande Chancellerie; & sera aussi expédié nos Lettres de Renouvellement de Statuts en la même forme, aux Corps & Communautés, pour lesquels il en a été ci-devant accordé, le tout sur les avis qui nous seront donnés pour notre Ville & Fauxbourgs de Paris par le Lieutenant-Général de Police, & pour les autres Villes & lieux de notre Royaume, par les Lieutenans-Généraux, Baillifs & autres Juges qui en doivent connoître, & payant par chacun desdits Corps & Communautés sur les quittances du Trésorier de nos revenus casuels, les sommes qui seront par Nous ordonnées, lesquelles seront attachées sous le contrescel desdites Lettres, pour être les sommes qui en proviendront employées sans aucun divertissement, aux dépenses pressantes de la guerre: Voulons que ledit art & profession de Barbier-Baigneur-Etuviste-Perruquier soit établi en maîtrise, Corps & Communauté dans notre bonne Ville & Fauxbourgs de Paris, & dans toutes les autres Villes de notre Roiaume où il y a Parlement & autres nos Cours, Présidial, Sénéchaussée & principal Baillage qui seront réduits au nombre de deux cens pour notre Ville & Fauxbourgs de Paris: vingt pour chacune des Villes où sont établies nosdites Cours, & six dans chacune des autres Villes, qui seront choisies de ceux qui font ladite profession, sans que lesdits nombres puissent ci-après être augmentés pour quelque cause, & sous quelque prétexte que ce soit, entre lesquels il y aura jurande, ainsi qu'il se pratique pour les autres Corps & Communautés, à laquelle profession aucun ne pourra être admis, qu'il n'ait pour la premiere fois obtenu nos Lettres de maîtrise, scellées en notre Grande Chancellerie, qui leur seront expédiées sur les quittances du Trésorier de nos revenus casuels, des sommes auxquelles chacun d'eux sera modérément taxé en notre Conseil, pour la premiere fois seulement: pour être lesdits Maîtres & leurs Successeurs reçus par notre premier Chirurgien & Barbier, pour la Ville & Fauxbourgs de Paris: & pour les autres Villes, par les Juges auxquels la connoissance en appartient, & jouir par les pourvus desdites Lettres, leurs veuves & enfans dudit art & métier de Barbier-Baigneur-Etuviste & Perruquier, tenir boutiques & enseignes, avec cette inscription: BARBIER-BAIGNEUR-ETUVISTE-PERRUQUIER; Faisons très-expresses inhibitions & défenses à toutes personnes de s'immiscer en l'exercice dudit art, & en faire la profession, à peine de cinq cens livres d'amende, applicable aux Hôpitaux généraux des lieux, sans que lesdits Barbiers-Baigneurs-Etuvistes-Perruquiers, puissent en aucune maniere que ce soit, exercer la Chirurgie, ce que Nous leur défendons très-expressément, à peine contre les contrevenans d'être déchus de leur maîtrise, & privés de tenir boutique, avoir enseigne, & de pareille somme de cinq cens livres d'amende applicable comme dessus; Permettons aux Maîtres Chirurgiens-Barbiers de les visiter, pourvû qu'ils soient assistés de deux Jurés de la nouvelle Communauté, & auxdits Barbiers-Baigneurs-Etuvistes-Perruquiers, de faire savonnettes, poudre de senteur, pâte & autre chose semblable pour leur usage; N'entendons par ces Présentes en aucune maniere préjudicier aux Barbiers de la Maison Royale qui sont emploiés dans les états envoiés à notre Cour des Aides, ni empêcher que les Maîtres Chirurgiens, Barbiers & leurs Garçons & Apprentifs, puissent faire le poil & la barbe, & tout ce qu'ils ont fait du passé, à quoi Nous les avons expressément maintenus. SI DONNONS en mandement à nos amés & féaux Conseillers, les Gens tenans notre Cour de Parlement & Chambres de nos Comptes à Paris, que ces Présentes ils fassent lire, publier & registrer, pour être exécutées selon leur forme & teneur, & en la même maniere qu'il se pratique pour tous les autres arts & métiers de notre Royaume, nonobstant toutes Lettres, Arrêts & autres choses à ce contraires, auxquelles Nous avons expressément dérogé & dérogeons; & sera ajouté foi comme aux originaux, aux copies collationnées par un de nos amés & féaux Conseillers & Secretaires, Maison & Couronne de France & de nos Finances. Car tel est notre plaisir. DONNE' à Versailles au mois de Mars l'an de grace mil six cens soixante-treize, & de notre Régne le trentiéme. *Signé*, LOUIS, & plus bas, par le ROI, COLBERT, & scellé du grand Sceau de cire verte, en lacs de soie rouge & verte. Lues, publiées & registrées, OUI, & ce requerant le Procureur-Général du Roi, pour être exécutées selon leur forme & teneur. Fait en Parlement Le Roi y séant en son lit de justice, le vingt-trois Mars mil six cens soixante-treize. *Signé*, DU TILLET.

ARRREST DU CONSEIL D'ETAT

QUI défend aux Marchands Privilégiez suivant la Cour & à tous autres, de faire aucunes poursuites & Procédures, pour raison du Commerce & Police de la Ville de Paris, Statuts & Réglemens des six Corps des Marchands, ailleurs que pardevant le Lieutenant de Police, & par appel au Parlement, à peine de nullité, cassation & de trois mille livres d'amende.

3 Février 1674.

SUR ce qui a esté représenté au Roi en son Conseil, par Julien Gervais, Grand Garde des Marchands Merciers, Grossiers & Jouailliers de Paris, Doyen des Quartiniers, ancien Consul & ancien Echevin, les

Maistres & Gardes du Corps desdits Marchands : Et encore par les Maistres & Gardes des Marchands Drapiers, Apoticaires & Epiciers, Pelletiers, Bonnetiers, Orfévres de Paris; que le deux Janvier dernier 1674 lesdits Maistres & Gardes des Marchands Merciers ayant fait assigner au Chastelet le nommé Angilbert & Gueullet sa femme, pour procéder sur la saisie faite le 30. Décembre précédent, de 3 Caisses de Toiles venant de S. Quentin, pour en voir ordonner la confiscation; ledit Angilbert & ladite Gueullet sa femme, qui se dit une des deux nouvelles Lingeres suivant la Cour, s'aviserent de les faire assigner le même jour en la Prevosté de l'Hostel, & d'y surprendre par défaut précipitamment & incompétamment, le 4. dudit mois, une Sentence portant révocation de l'assignation donnée au Chastelet, en restitution desdites Toiles par corps; & quoique l'appel de cette Sentence eût été reçû au Parlement, par un Arrêt du 5. dudit mois, signifié le même jour, portant deffenses d'exécuter ladite Sentence, & de procéder ailleurs qu'en ladite Cour, ledit Angilbert & sa femme ne laisserent pas d'ajouter la violence à la surprise, & en vertu de cette Sentence, & d'un Arrêt du Grand Conseil sur Requête, du huitiéme dudit mois, qui ne fut pas même signifié, ils firent emprisonner, le dixiéme suivant, au Fort l'Evêque, ledit Sieur Gervais, avec un scandale public, & un outrage d'autant plus grand qu'il a été commis en la personne d'un grand Garde d'un Corps des Marchands, d'un Doyen des Quartiniers, d'un ancien Consul & Echevin de Paris; & quoiqu'il ait été incontinent pourvû à la liberté dudit Sieur Gervais qui a esté élargi en vertu d'un Arrest du Parlement du même jour, lesdits Angilbert & sa femme tâchent de continuer les mêmes abus; en formant des conflits de jurisdictions, introduisant au Conseil une instance en reglement de Juges, par commission du 11 dudit mois de Janvier, signifié le treize ensuivant, & depuis cette assignation donnée au Conseil à leur Requeste, affectant de nouveaux recours & de nouvelles surprises en la Prevosté, où sur une assignation du quinziéme dudit mois, ils ont fait rendre par défaut du lendemain une Sentence de prétendue révocation d'assignation donnée au Chastelet, & de restitution par corps, des marchandises sur eux saisies le onziéme dudit mois, du matin, à la Requeste desdits Maistres & Gardes des Marchands Merciers, pour fournir de matiere à des Procès & des abus continuels; mais parce qu'il est important aux Supplians d'arrêter le cours de ces troubles, dont il semble qu'on ait voulu faire triompher l'injustice & la témérité, lorsque par ladite Sentence de la Prevosté de l'Hostel du quatriéme Janvier dernier nulle par sa précipitation & l'incompétence du Juge, on a sur la contrainte à la restitution des Toiles saisies, requise contre un Gardien, affecté de l'ordonner contre les Maistres & Gardes d'un Corps des Marchands, & de l'exécuter avec le dernier scandale & le dernier outrage contre le grand Garde de ce Corps, qui est une personne considérable dans Paris, par toutes les Charges publiques dont il a esté honoré, & celle qu'il exerce encore à présent ; & si cette violence de laquelle il a esté informé, demeuroit impunie, les Ordonnances & les Réglemens de Police seroient inutiles, & il n'y auroit plus de regle dans le commerce ; les Maistres & Gardes des Corps des Marchands qui sont établis pour maintenir la discipline dans le négoce, seroient personnellement exposez à des insultes & à des violences, lorsqu'ils s'acquitteroient avec plus de fidélité de leurs charges, on ne trouveroit plus de Marchands qui voulussent estre Gardes à ce prix, ni remplir des charges si dangereuses ; qu'outre l'indignité de l'outrage, il est certain que dans le public, la moindre insulte à un Marchand est capable, sans que la cause en soit connue ni examinée, de lui faire perdre son crédit, & de causer sa ruine ; en sorte qu'il semble superflu d'ajouter que quand le prétendu nouveau privilege de ladite Gueullet, qui a pour prétexte un Brevet du 29 Janvier 1658. des Lettres de 1660. renouvellé le 29 Février 1672. ne seroit pas, comme il est, détruit par quantité d'Arrests du Conseil donnez au profit de plusieurs Corps des Marchands & Communautez d'Artisans des vingt-huitiéme Septembre 1672. Janvier, 21. Février & 23. Octobre 1673. D'ailleurs, il est certain que les Ordonnances & Réglemens de Police doivent estre indistinctement & également observez par tous les Marchands & Artisans, & que même aucuns prétendus Privilégiez suivant la Cour n'en peuvent éluder l'exécution, ni se soustraire à la Jurisdiction du Sieur Lieutenant Général de Police au Chastelet ; & quand il n'y auroit pas esté pourvû par Sa Majesté, & l'autorité des Arrests de son Conseil des 13. Novembre & 11. Décembre 1637. & autres donnez en conséquence, par lesquels, sans avoir égard aux poursuites faites par lesdits Privilegiez en la Prevosté de l'Hostel, & au Grand Conseil, il leur a esté ordonné d'executer les Reglemens de Police, & de répondre & procéder par devant le Prevost de Paris sur leurs contraventions & contestations ; & quand depuis les différends d'entre les Privilegiez & les Marchands & Artisans de Paris, n'auroient pas esté perpétuellement envoyez au Chastelet en premiere instance, & en cas d'appel au Parlement par une infinité d'Arrests qui ont fait deffense au Prevost de l'Hostel & au grand Conseil d'en prendre aucune connoissance, il seroit du bien public de reprimer de semblables abus ; c'est pourquoi les Supplians requeroient très humblement Sa Majesté, qu'il lui plût leur pourvoir. Vû ladite Requeste, signée Bourcier Avocat & Conseil des Supplians ; les Arrests du Conseil des 11. Décembre 1637. 8. Octobre 1663. 27. Février 8. May & 16. Juin 1665. 20. Octobre 1671. 19. Mars, 1er. Juin & 28. Septembre 1672. 23. Octobre 1673. Procès-verbal de saisie desdites trois Caisses de Toiles, du trentiéme Décembre dernier. Assignation au Chastelet pour procéder sur ladite saisie audit Angilbert & sa femme, du dernier Janvier 1674. Exploit de révocation de ladite assignation, & pour procéder en ladite Prevosté de l'Hostel, dudit jour deuxiéme Janvier. Copie de Sentence de ladite Prevosté surprise par défaut le quatriéme dudit mois, Arrest du Parlement du cinquiéme dudit mois, sur Requeste desdits Maistres & Gardes des Marchands Merciers, signifié ledit jour. Extrait de l'emprisonnement dudit sieur Gervais du dixiéme Janvier. Arrest du Parlement portant élargissement du même jour. Autre Procès-verbal de saisie du onziéme Janvier. Assignation ausdits Angilbert & sa femme du treiziéme dudit mois, du matin au Chastelet, pour procéder sur ladite saisie. Copie de commission du grand Sceau du onze Janvier, en reglement de Juges, signifié ausdits Maistres & Gardes des Marchands Merciers, avec assignation au Conseil le treiziéme dudit mois. Exploit d'assignation postérieurement donné en la Prevosté de l'Hostel à la Requeste desdits Angilbert & sa femme le quinziéme dudit mois, sur laquelle assignation ils ont obtenu Sentence le lendemain à leurs fins & autres pieces. OUY le rapport du sieur Colbert, Conseiller du Roy en son Conseil Royal, & Controlleur Général des Finances. LE ROY, EN SON CONSEIL, a déchargé & décharge les Maistres & Gardes du Corps des Marchands Merciers de Paris, de l'assignation à eux donnée au Conseil, le treize du mois de Janvier, & sans y avoir égard, ni aux Sentences de la Prevosté de l'Hostel, & Arrest du grand Conseil du huitiéme dudit mois, que Sa Majesté a cassé & annullé, a déclaré & déclare l'emprisonnement fait de la personne dudit Gervais, grand Garde des Marchands Merciers, à la requeste desdits Argilbert & Gueullet, injurieux, tortionnaire & déraisonnable; ordonne que l'escroüe en sera rayé & biffé, & pour estre fait droit, tant sur la réparation d'injure, violences commises en la personne dudit Gervais, dommages & intérests, que sur le fonds & principal, Sa Majesté a renvoyé & renvoye les Parties pardevant le Lieutenant de Police en premiere instance, & par appel au Parlement avec deffenses tant auxdits Angilbert & Gueullet, qu'à tous autres, de faire cy-après pour raison de ce, & sur le fait des Réglemens concernans le commerce & Police de la Ville de Paris, Statuts & Réglemens des six Corps des Marchands aucunes poursuites & procédures pardevant autres Juges, à peine de nullité & cassation, & de trois mille livres d'amende, en cas de contravention. FAIT au Conseil d'Estat du Roy, tenu à Saint Germain en Laye le troisiéme jour de Février mil six cens soixante & quatorze. Collationné. *Signé*, BERRYER.

SENTENCE rendue par M. le Lieutenant Général de Police au Chastelet de Paris, en conséquence de l'Arrest cy-dessus.

27 Février 1674.

A Tous ceux qui ces presentes Lettres verront, Achilles de Harlay, Chevalier, Conseiller du Roy en tous ses Conseils, son Procureur Général au Parlement, & Garde de la Ville, Prevosté & Vicomté de Paris, le Siege vacant, Salut. Sçavoir faisons que sur la Requeste faite en jugement devant Nous en la Chambre de Police du Chastelet de Paris par Maistre Nicolas de Longueil, Procureur des Maistres & Gardes des Marchands Merciers, Groffiers, Jouailliers de cette Ville de Paris, Demandeurs aux fins des Exploits de faifie & affignations; le premier, du trentieme Décembre dernier, controllé à Paris le deuxiéme Janvier ensuivant, de trois caiffes remplies de marchandifes de Toiles de Saint Quentin, conduites par des Crocheteurs accompagnez d'un Particulier nommé Gueullet, & appartenantes aux Deffendeurs cy-après nommez; & Exploit du deuxieme dudit mois de Janvier, controllé le mefme jour; la feconde defdites faifies, faite le onziéme Janvier, & controllé à Paris le treiziéme enfuivant, de deux autres Caiffes des marchandifes de Toiles. Et encore ledit de Lengueil Procureur de Julien Gervais, Grand Garde en Charge defdits Marchands Merciers, ancien Efchevin & ancien Conful, & Doyen des Quartiniers de cette Ville de Paris, Demandeur aux fins de l'Exploit fait à fa requefte conjointement avec lefdits Maiftres & Gardes de la Mercerie, le huitieme du préfent mois de Février, controllé à Paris le lendemain, pour procéder en exécution de l'Arreft du Confeil d'Eftat du Roi du troifieme du mefme mois, portant renvoy pardevant Nous, & par appel au Parlement: Contre Nicolas Angilbert & Geneviéve Gueullet fa femme, fe difante Marchande Lingere & l'une des deux nouvelles Privilégiées fuivant la Cour, Deffendeurs & Deffaillans, par vertu de deffaut donné contre les Deffendeurs non comparans ni Procureur pour eux, dûment appellez: Lecture faite defdits Procès-verbaux de faifie & affignation fufdattez, enfemble de l'Arreft du Confeil d'Eftat du Roy, en datte du troifieme du préfent mois de Février, par lequel le Roy, en fon Confeil, auroit déchargé lefdits Maiftres & Gardes de la Mercerie, de l'affignation à eux donnée audit Confeil le treiziéme Janvier dernier à la requefte defdits Angilbert & fa femme, & fans y avoir égard ni aux Sentences de la Prevofté de l'Hoftel & Arreft du Grand Confeil du huitiéme du mois de Janvier, que Sa Majefté auroit caffé & annullé, auroit déclaré l'emprifonnement de la perfonne dudit Gervais, Grand Garde des Marchands Merciers, à la requefte defdits Angilbert & Gueullet, injurieux, tortionnaire & déraifonnable, ordonné que l'écroüé feroit rayé & biffé, & pour eftre fait droit tant fur la réparation d'injures, violences commifes en la perfonne dudit Gervais, dommages & intérefts que fur le fonds & principal, Sa Majefté auroit renvoyé les Parties pardevant Nous en premiere inftance, & par appel au Parlement, avec deffenfes tant auxdits Angilbert & fa femme, qu'à tous autres, de faire cy-après pour raifon de ce, & fur le fait des Reglemens concernans le Commerce & Police de la Ville de Paris, Statuts & Réglements des fix Corps des Marchands aucunes pourfuites & procédures pardevant autres Juges, à peine de nullité, & de trois mille livres d'amende en cas de contravention; & autres piéces des Parties, & OUI noble homme Meffire Pierre Brigalier, Avocat du Roy en ce Siege, en fes conclufions, qui a requis que la faifie fût déclarée bonne & valable, les chofes faifies & confifquées, deffenfes à Geneviéve Gueullet de prendre qualité de Marchande Lingere, & de tenir boutique en cette qualité, elle & son mari condamnez aux dommages & interests de la Partie de Longueil, qu'il a estimé pouvoir estre liquidés à mille livres, & cinq cens livres d'amende : Nous avons lesdites saisies faites à la requeste desdits Maistres & Gardes sur lesdits Angilbert & sa femme desdites Caisses de marchandises de Toile, déclarées bonnes & valables, ordonne que lesdites marchandises seront venduës au Bureau de la Merçerie, après que le scellé apposé sur deux desdites Caisses de marchandises par le Commissaire Guynet, aura été par lui reconnu, levé & osté, les deniers du prix desquelles marchandises seront rendus aux Demandeurs, sur iceux préalablement pris la somme de mille livres, esquelles nous condamnons les Deffendeurs envers les Parties de Longueil pour les dommages & interests au sujet de l'emprisonnement dudit Gervais, avec deffenses aux Deffendeurs de plus user de telles voyes, & outre condamnons lesdits Deffendeurs en trois cens livres d'amende & en tous les dépens. Et au surplus ordonnons que la boutique des Deffendeurs sera fermée ; Leur faisons deffenses de faire aucun commerce dans Paris, ni de se servir du prétendu Privilége de Marchande Lingere de la Deffendresse, sur peine de confiscation & amende, ce qui sera exécuté nonobstant oppositions ou appellations quelconques faites ou à faire, & sans préjudice d'icelles ; pour quoy ne sera différé. En témoin de ce, Nous avons fait sceller ces Présentes, qui furent faites & données par Messire GABRIEL-NICOLAS DE LA REYNIE, Conseiller du Roy en ses Conseils, Maistre des Requestes ordinaire de son Hostel & Lieutenant de Police de ladite Ville, Prevosté & Vicomté de Paris, tenant le Siege le Mardi vingt-septiéme jour de Février mil six cens soixante-quatorze. *Signé*, VAILLANT. Et scellé.

ARREST DE LA COUR DE PARLEMENT, Confirmatif de la Sentence cy-dessus,

9 Juin 1674.

ENTRE Nicolas Angilbert & Geneviéve Gueullet sa femme, Appellans d'une Sentence renduë par le Lieutenant Général de Police le ving-sept Février mil six cent soixante-quatorze, d'une part ; Et les Maistres & Gardes des Marchands Merciers, Grossiers, Jouailliers de cette Ville de Paris, Intimez, d'autre : Et entre Pierre Guichard Marchand de Toiles à Saint Quentin, Appellant d'une autre Sentence renduë par le mesme Lieutenant de Police le cinq du présent mois de Juin, d'une part ; & lesdits Maistres & Gardes, Intimez, d'autre, sans que les qualitez puissent préjudicier. Après que Vaultier pour Angilbert & sa femme, le Mercier pour Guichard, & Givry pour les Maistres & Gardes, & de Lamoignon pour le Procureur Général ont esté ouis : LA COUR a mis & met l'appellation au néant ; Ordonne que ce dont a esté appellé sortira effet, condamne l'Appellant en l'amende de douze

douze livres & ès dépens; & néanmoins ordonne que les marchandises saisies seront renduës à la partie de le Mercier, en payant par l'Appellant préalablement la somme de mille livres d'une part, & trois cens livres d'autre, sauf aux Appellans leur recours contre qui ils adviseront bon estre, deffenses au contraire. FAIT en Parlement le neuviéme Juin mil six cens soixante-quatorze. Collationné.

ARREST DU CONSEIL D'ESTAT DU ROI,

QUI érige en Corps de Maistrise & Jurande toutes personnes sans exception, faisant trafic ou commerce de quelque marchandise, & qui exercent quelques Mestiers que ce soit en la Ville & Fauxbourgs de Paris, en payant par chacune desdites Communautés à ériger les sommes auxquelles elles seront modérément taxées par les Rolles qui seront arrêtés au Conseil.

14 Février 1674.

LE ROY desirant faire jouir tous ses sujets, sans exception, qui font commerce ou trafic de quelque marchandise que ce puisse être, & qui exercent quelque mestier que ce soit sans titre, des graces & de l'utilité que doit produire en leur faveur l'exécution de l'Edit du mois de Mars dernier, & par ce moyen faire cesser les abus & monopoles que produit journellement la liberté que prennent impunément toutes personnes de s'immisser en toutes sortes de professions, sans avoir fait serment à justice, ny justifié de leur probité: OUY le rapport du sieur Colbert, Conseiller ordinaire au Conseil Royal, & Controlleur général des Finances de France. SA MAJESTÉ EN SON CONSEIL; a ordonné & ordonne que toutes personnes, sans exception, faisant trafic ou commerce de quelque marchandise, & qui exercent quelque mestier que ce soit en la Ville & Fauxbourgs de Paris, seront & demeureront pour l'advenir érigez en Corps de maistrise & jurande; auquel effet quatre de chacun commerce ou mestier seront nommez & choisis par le sieur de la Reynie, Conseiller de Sa Majesté en ses Conseils, Maistre des Requestes ordinaire de son Hostel, Lieutenant général de la Police de la Ville & Vicomté de Paris, & le Procureur de Sa Majesté au Chastellet, pour dresser des Mémoires, & sur iceux obtenir de Sa Majesté des Statuts nécessaires pour régir chacun Corps & Communauté, qui seront mis ès mains dudit sieur Lieutenant général de Police, pour sur iceux estre par luy & ledit Procureur du Roy donné avis à Sa Majesté de ce qu'ils croyent devoir estre employé dans lesdits Statuts, lesquels seront expédiez & scellez en la Grande Chancellerie, en payant par chacune desdites Communautez à ériger, les sommes ausquelles ils seront modérément taxez, par les rolles qui seront arrestez au Conseil, conformément audit Edit : Et sera le présent Arrest, & ce qui sera ordonné par ledit sieur de la Reynie en conséquence, exécuté nonobstant oppositions ou appellations quelconques, dont (si aucunes interviennent) Sa Majesté s'en est réservé la connoissance en son Conseil, & icelle interdite à tous ses autres Cours & Juges. FAIT & arresté au Conseil d'Estat du Roi tenu à Versailles, le vingt-quatriéme jour de Février mil six cent soixante-quatorze. Signé, BERRYER.

LOUIS, par la Grace de Dieu, Roy de France & de Navarre ; A nostre amé & féal Conseiller en nos Conseils, Maistre des Requestes ordinaire de nostre Hostel, le sieur de la Reynie Lieutenant général de Police de nostre Ville & Vicomté de Paris, & à nostre aussi amé & féal Conseiller & Procureur de Nous au Chastellet de Paris, SALUT. Par l'Arrest dont l'Extrait est cy-attaché sous le Contre-Scel de notre Chancellerie, ce jourd'huy donné en nostre Conseil d'Estat, Nous avons ordonné que toutes personnes, sans exception, faisant trafic ou commerce de quelque marchandise, & qui exerce quelque mestier que ce soit en nostredite Ville & Fauxbourgs de Paris, seront & demeureront pour l'advenir érigez en Corps de maistrise & jurande. A CES CAUSES, Nous vous mandons & ordonnons de nommer & choisir quatre de chacun commerce ou mestier pour dresser des Mémoires ; & sur iceux obtenir de Nous des Statuts nécessaires pour régir chacun Corps & Communauté, qui seront mis ès mains de vous-dit Sieur de la Reynie, pour sur iceux estre par vous & nostredit Procureur à nous donné avis de ce que vous croirez devoir estre employé dans lesdits Statuts, conformément audit Arrest ; lequel Nous commandons au premier notre Huissier ou Sergent sur ce requis, de signifier à tous qu'il appartiendra, & faire pour son entiere exécution, & de ce qui sera par vous ordonné, tous commandemens, sommations, & autres actes & exploits requis & nécessaires, sans autre permission, nonobstant oppositions ou appellations quelconques, dont (si aucunes interviennent) Nous nous en réservons la connoissance en nostre Conseil, & icelle interdisons à toutes nos autres Cours & Juges. VOULONS qu'aux Copies dudit Arrest & des Présentes, collationnées par l'un de nos amez & féaux Conseillers & Secrétaires, foy soit adjoutée comme aux originaux : CAR tel est nostre plaisir. DONNÉ à Versailles le vingt-quatriéme jour de Février, l'an de grace mil six cens soixante-quatorze : Et de nostre Regne le trente-uniéme. Signé, Par le ROY, en son Conseil, BERRYER. Et scellé.

ARREST DU CONSEIL D'ESTAT DU ROY,
Confirmatif du précédent.

19 Septembre 1674.

LE ROY ayant voulu à l'imitation des Roys Henry III. & Henry IV. ses Prédécesseurs, empescher la licence & les abus qui s'estoient introduits parmi ceux qui faisoient commerce de marchandises & denrées, & profession d'arts & mestiers dans la Ville & Fauxbourgs de Paris; auroit fait expédier son Edit du mois de Mars mil six cent soixante-treize, & Arrest du Conseil du 24 Février dernier, portant que tous ceux faisant commerce de marchandises & denrées, & arts de toutes sortes & mestiers, sans aucuns excepter, tant dans la Ville & Fauxbourgs de Paris, que dans les autres du Royaume où il y a maistrise & jurande, qui ne sont d'aucun Corps & Communauté & jurande, pour exercer lesdits professions, arts & mestiers qui sont en communauté & maistrise, auquel effet il leur seroit accordé leurs Statuts; Au préjudice duquel Edit & Arrest du Conseil plusieurs gens continuent leur commerce sans aucuns titres & sans aucune discipline; A quoy desirant pourvoir, & empescher la continuation desdits désordres & indeuës entreprises: Veu ledit Arrest du Conseil; OUI le rapport du sieur Colbert, Conseiller ordinaire au Conseil Royal, & Controlleur général des Finances. SA MAJESTÉ EN SON CONSEIL, a ordonné & ordonne que ledit Edit & Arrest du Conseil du vingt-quatriéme Février dernier seront exécutez selon leur forme & teneur, & en conséquence que toutes personnes sans exception, faisant trafic ou commerce de quelque marchandise, & qui exercent quelque mestier que ce soit en la Ville & Fauxbourgs de Paris, seront & demeureront pour l'advenir érigez en Corps de maistrise & jurande; Auquel effet ils seront obligez dans quinzaine, pour toute préfixion ou délai, de nommer pardevant le sieur de la Reynie, Conseiller de Sa Majesté en ses Conseils, Maistre des Requestes ordinaire de son Hostel, Lieutenant-Général de Police de la Ville & Vicomté de Paris, & les Procureurs de Sa Majesté aux deux Chastelets, quatre de chacun commerce ou mestier, qui remettront ès mains dudit sieur de la Reynie leurs Mémoires, ou projets de Statuts nécessaires pour régir chacun Corps & Communauté; pour sur iceux estre par lui & lesdits Procureurs de Sa Majesté donné leurs avis, & lesquels vus estre, par Sa Majesté accordé lesdits Statuts, ainsi qu'il lui plaira, lesquels seront expédiez & scellez en la Grande Chancellerie, en payant par chacune desdites Communautez à ériger, les sommes ausquelles elles seront modérément taxées par les Rolles qui seront arrestez au Conseil conformément audit Edit, pour estre les Aspirans ausdites maistrises à ériger reçus en la maniere accoustumée, sur le consentement dudit le Febvre, par ledit sieur de la Reynie, ou lesdits Procureurs de Sa Majesté, qui leur en feront expédier & délivrer des Lettres de maistrises nécessaires: Et sera le présent Arrest leu, publié & affiché, & exécuté nonobstant oppositions, ou appellations quelconques, dont (si aucunes interviennent) Sa Majesté s'en est réservé la connoissance en son Conseil, & icelle interdite à toutes ses autres Cours & Juges : Enjoint Sa Majesté audit sieur de la Reynie, & à ses Procureurs d'y tenir la main. FAIT au Conseil d'Estat du Roy tenu à Versailles le vingt-neuviéme jour de Septembre mil six cens soixante-quatorze. Collationné. Signé, RANCHIN.

ARREST DU CONSEIL D'ETAT DU ROY,

QUI Ordonne que tous les Marchands & Maîtres Artisans des Fauxbourgs de la Ville de Paris, de quelque Commerce, Art & Métier que ce soit, sans aucunes excepter, demeureront réunis & incorporés avec ceux de la Ville de Paris de même profession, pour ne plus faire à l'avenir qu'un même Corps & Communauté, sous les Statuts accordés auxdits Maîtres de la Ville, sans que lesdits Maîtres des Fauxbourgs soient tenus de faire aucun Chef-d'œuvre, ni quitter leur domicile desdits Fauxbourgs.

31 Mai 1675.

LE ROY, pour empêcher la licence & les abus qui s'étoient introduits parmi ceux qui faisoient commerce de marchandises, denrées & profession d'arts & métiers dans toutes les Villes du Royaume, & procurer en même-tems la paix entre les Maîtres & Marchands Artisans de la Ville & Fauxbourgs de Paris, par la réunion de leurs maîtrises, auroit fait expédier son Edit du mois de Mars 1673, portant l'exécution de ceux des mois de Décembre 1681 & Avril 1597, au préjudice desquels Edits, la plûpart desdits Maîtres de la Ville inquietent sans fondement ceux des Fauxbourgs. A quoi étant nécessaire de pourvoir & empêcher la continuation des procès intentés, & qui servent de prétexte aux Jurés de la Ville & Fauxbourgs d'exiger de leurs Confreres des sommes qui tournent entiérement à leur profit. OUI le rapport du Sieur Colbert, Conseiller ordinaire au Conseil Royal, & Controlleur Général des Finances. LE ROI EN SON CONSEIL, a ordonné & ordonne que tous les Marchands & Maîtres Artisans des Fauxbourgs de la Ville de Paris, de quelque commerce, art & métier que ce soit, sans aucun excepter, demeureront unis & incorporés avec ceux de la Ville de Paris de même profession, pour ne plus faire à l'avenir qu'un même Corps & Communauté, sous les Statuts accordés auxdits Maîtres de la Ville, sans que lesdits Maîtres des Fauxbourgs soient tenus de faire aucun chef-d'œuvre, ni de quitter leurs domiciles auxdits Fauxbourgs, si bon ne leur semble : Et pour empêcher les contestations qui pourroient arriver entre lesdits Maîtres de la Ville & ceux des Fauxbourgs, dans les visites qui se feroient par les Jurés de ladite Ville : Ordonne Sa Majesté que chaque Communauté réunie nommera pardevant le sieur de la Reynie, Procureur de Sa Majesté au Châtelet, le même nombre de Jurés, qu'il y en a de présent à la Communauté dans laquelle ils seront réunis ; à laquelle nomination les Maîtres desdits Fauxbourgs auront voix active & passive. Fait Sa Majesté défense aux Maîtres des Fauxbourgs de travailler dans la Ville de Paris, qu'au préalable ils ne soient réunis, & n'ayent payé entre les mains de Maître Thomas Vaucegue chargé de l'exécution de l'Edit du mois de Mars 1673, les sommes qu'ils sont tenus pour jouir de ladite réunion, & jusqu'à ce, pourront les Maîtres Jurés de la Ville faire saisir les ouvrages des Maîtres des Fauxbourgs, qu'ils livreront dans la Ville en vertu du présent Arrêt qui sera publié, affiché & exécuté nonobstant oppositions ou empêchemens quelconques, dont (si aucunes interviennent) Sa Majesté s'en est réservé la connoissance à son Conseil, & icelle interdite à toutes ses autres Cours & Juges. Ordonne en outre Sa Majesté audit sieur de la Reynie & à ses Procureurs au Châtelet d'y tenir la main, & seront toutes Lettres nécessaires expédiées auxdites Communautés. FAIT au Conseil d'Etat du Roi tenu à Saint Germain-en-Laye le 31 Mai 1675. *Signé*, FOUCAULT.

ARREST DU CONSEIL

PORTANT Suppression de toutes les Maistrises des Fauxbourgs & Réunion à celles de la Ville.

12 Juillet 1675.

SUR ce qui a esté représenté au Roy en son Conseil, qu'en exécution des Arrests qui y ont été rendus pour la réunion des Communautez du Fauxbourg Saint Germain & des autres Fauxbourgs à celles de la Ville de Paris, la plus grande partie des Maistres desdites Communautez des Fauxbourgs, pour profiter du bénéfice de cette réunion, ont déjà satisfait aux conditions portées par les Arrests ; & en conséquence ont été reçus Maistres à la Ville, & par ce moyen acquis le repos que Sa Majesté a eu intention de procurer à leurs Communautez, en faisant cesser tout d'un coup par cette union tous les Procez qui estoient entre les Communautez des Fauxbourgs & celles de la Ville, & bien qu'après la réception à la Maistrise de la Ville du plus grand nombre des Maistres, des Fauxbourgs leurs Communautez ne subsistent plus, néantmoins pour oster tout prétexte à ceux qui voudroient continuer de fomenter les contestations que la différence des Territoires faisoit naistre tous les jours entre ces Communautez : OUI le Rapport du Sieur Colbert, Conseiller ordinaire au Conseil Royal, & Controlleur général des Finances. SA MAJESTE' EN SON CONSEIL, a ordonné & ordonne que les Communautez des Maistres Tailleurs des Fauxbourgs Saint Germain, Saint Denys, Saint Honoré, Saint Victor, Saint Marcel; celles des Menuisiers des Fauxbourgs Saint Germain, Saint Denys, Saint Jacques, Saint Victor : celles des Horlogers des Fauxbourgs S. Germain & Saint Jacques : celles des Serruriers des Fauxbourgs Saint Germain, Saint Denys & Saint Victor, celles des Cordonniers des Fauxbourgs Saint Denys : Saint Jacques, Saint Honoré & Saint Marcel : celles des Selliers des Fauxbourgs Saint Germain, Saint Jacques, Saint Victor & Saint Honoré : celles des Peintres des Fauxbourgs Saint Germain & S. Victor : celles des Tanneurs du Fauxbourg Saint Marcel : celle des Pâtissiers des Fauxbourgs Saint Germain, Saint Jacques, Saint Denys, S. Marcel & Saint Victor : celles des Lingeres des Fauxbourgs S. Marcel, Saint Victor, & celles des Tapissiers, Fourbisseurs, Potiers-d'Estain, Tourneurs, Cuisiniers, Chaircuitiers, Coffretiers, Arquebusiers, Corroyeurs, Vinaigriers, Peigniers, Tabletiers, Couvreurs, Frippiers, Gantiers, Teinturiers en fil, laine & soye, Coustеliers, Charrons, Bourreliers, Vitriers, Plombiers & Ferreurs d'Esguillettes du Fauxbourg Saint Germain, seront & demeureront unies & incorporées aux Communautez de la Ville de même qualité, pour ne faire à l'advenir qu'un seul Corps de Communauté ; Et en conséquence lesdites Communautez des Maistres Tailleurs des Fauxbourgs Saint Germain, Saint Denys, Saint Honoré, Saint Victor & Saint Marcel ; des Menuisiers des Fauxbourgs Saint Germain, Saint Denys, Saint Jacques, Saint Victor & Saint Honoré ; des Horlogers des Fauxbourgs Saint Germain & Saint Jacques ; des Serruriers des Fauxbourgs Saint Germain, Saint Denys & Saint Victor ; des Cordonniers des Fauxbourgs Saint Denys, Saint Jacques, Saint Honoré & Saint Marcel ; des Selliers des Fauxbourgs Saint Germain, Saint Jacques, Saint Victor & Saint Honoré ; des Peintres des Fauxbourgs Saint Germain & Saint Victor ; des Tanneurs du Fauxbourg Saint Marcel ; des Pâtissiers des Fauxbourgs Saint Germain, S. Jacques, Saint Denys, Saint Marcel & Saint Victor ; des Lingeres des Fauxbourgs Saint Marcel & Saint Victor ; des Tapissiers, Fourbisseurs, Potiers-d'Estain, Tourneurs, Cuisiniers, Chaircuitiers, Coffretiers, Arquebusiers, Corroyeurs, Vinaigriers, Peigniers, Tabletiers, Couvreurs, Fripiers, Gantiers, Teinturiers en fil, laine & soye, Coustеliers, Charrons, Boureliers, Vitriers, Plombiers & Ferreurs d'Esguillettes du Fauxbourg Saint Germain, demeureront esteintes & supprimées ; Ordonne que les Maistres desdites Communautez des Fauxbourgs qui ont satisfait aux Arrests du Conseil, & ont esté reçus à la Maistrise de la

Ville par l'un de nos Procureurs au Chastelet, seront censez & reputez Maistres de la Ville, & comme tels jouiront de tous les Droits qui appartiennent aux autres Maistres de la Ville : & que les autres Maistres desdites Communautez des Fauxbourgs, seront tenus dans le quinze Aoust prochain satisfaire auxdits Arrests, sinon & à faute de ce faire dans ledit temps, & icelui passé, en vertu du présent Arrest, sera permis aux Jurez de la Ville de les poursuivre en la maniere accoustumée comme gens sans qualité, & sans droit de se dire Maistres ; & dès à présent jusques audit jour quinze Aoust, pourront aller en visite chez eux comme chez lesdits Maistres des Fauxbourgs qui ont esté receus à la Ville, & faire dans toute l'estendue desdits Fauxbourgs leurs fonctions, & ainsi qu'ils les ont faites ci-devant dans la Ville : Ordonne en outre Sa Majesté que les Maistres des autres Communautez des Fauxbourgs satisferont aux Arrests dans pareil délay, sinon qu'ils y seront contraints : Et sera le présent Arrest lu, publié & exécuté nonobstant oppositions & appellations quelconques ; dont (si aucunes interviennent) Sa Majesté s'est réservé la connoissance, & icelle interdite à tous autres Cours & Juges : Enjoint au Sieur de la Reynie, Lieutenant Général de Police, & à ses deux Procureurs aux deux Sieges du Chastelet d'y tenir la main, & à l'effet de la réunion & suppression des Communautez des Fauxbourgs seront toutes Lettres nécessaires expédiées FAIT au Conseil d'Estat du Roy tenu à Saint Germain-en-Laye le douzieme Juillet mil six cens soixante-quinze. Signé, RANCHIN.

EDIT DU ROY,

PORTANT Suppression des Maîtrises des Fauxbourgs, & Réunion à celle de la Ville de Paris, avec faculté aux Fils de Maîtres & Apprentifs desdits Fauxbourgs, de parvenir à la Maîtrise & aux Veuves des Maîtres de jouir d'icelle.

Décembre 1678.

LOUIS, par la grace de Dieu, &c. à tous présens & à venir, SALUT. Ayant, par notre Edit du mois de Février 1674, supprimé la justice qui s'exerçoit par notre Bailli du Palais dans les Fauxbourgs Saint Jacques & Saint Michel, & toutes les justices des Seigneurs qui s'exerçoient dans notre bonne Ville & Fauxbourgs de Paris, & délivré par cette suppression ses habitans des conflits de Jurisdictions, que la diversité de ces justices faisoit naître tous les jours, Nous ne croirions pas avoir entiérement satisfait à l'affection que nous avons pour l'avantage de nos sujets, si Nous n'avions porté nos soins jusques dans le détail des choses qui peuvent contribuer à la perfection de cet ouvrage, &

ayant été informé que la diversité des Corps de métiers, maîtrises & jurandes, que chacun des juges & Officiers des Seigneurs s'étoient donnés la liberté d'établir dans l'étendue de leur justice, étoit très préjudiciable à tous les Artisans de Paris, que ces Communautés des Fauxbourgs étoient perpétuellement opposées aux Communautés de la Ville, qu'ils étoient obligés de soutenir à tous momens des procès les uns contre les autres qui les consumoient en frais, que même aucunes desdites Communautés, tant de la Ville que des Fauxbourgs, étoient accablés de dettes, dans lesquelles elles avoient été obligées d'entrer pour fournir à ces procès : & qu'aulieu de s'étudier les uns & les autres à se perfectionner dans leur art, & acquérir la capacité nécessaire pour gagner par leur travail de quoi soutenir leur famille, ils n'avoient point d'autres applications que de s'instruire dans la chicane, pour tâcher à détruire la communauté de quelques Fauxbourgs, ou à celle du Fauxbourg à entreprendre sur celle de la Ville, Nous y aurions voulu apporter les remedes convenables ; & bien que toutes ces maîtrises établies par les Seigneurs particuliers & par leurs Juges, n'eussent aucun fondement valable, puisqu'il n'appartient qu'à Nous d'établir des Corps des métiers dans notre Royaume ; néanmoins ayant consideré qu'il seroit fort rigoureux d'ôter à des Artisans un titre & un moyen de gagner leur vie, qu'ils avoient acquis de bonne foi, & qu'il étoit plus convenable de communiquer aux Maîtres des Fauxbourgs la qualité de Maîtres de la Ville, que de leur ôter leur qualité de Maîtres des Fauxbourgs dont ils étoient en possession, & dont ils ne pouvoient être dépouillés, sans la ruine entiere de leur famille Nous aurions par plusieurs Arrêts de notre Conseil supprimé divers Corps de métiers des Fauxbourgs, & les aurions réunis à ceux de la Ville de pareille qualité, & ordonné qu'en payant par les Maîtres des Fauxbourgs les sommes auxquelles ils avoient été modérément taxés en notre Conseil, ils seroient reçus Maîtres à la Ville, & jouiroient, eux, leurs veuves & enfans de tous les droits qui appartenoient aux autres Maîtres de la Ville : mais comme il est du bien public d'achever incessamment cette réunion, & de prévenir les contestations qui pourroient naître entre toutes ces Communautés nouvellement réunies ; A CES CAUSES & autres bonnes considérations, de l'avis de notre Conseil qui a vû les Arrêts rendus en icelui les 23 Mars, 10 Mai & 12 Juillet 1675, au sujet desdites réunions, & autres Arrêts rendus en conséquence, & de notre certaine science, pleine puissance & autorité Royale ;

NOUS avons de nouveau, & en tant que de besoin seroit par le présent Edit perpétuel & irrévocable, éteint & supprimé, éteignons & supprimons tous les Corps & Communautés de Marchands & Artisans, gens de métiers, maîtrises & jurandes qui étoient établies dans les Fauxbourgs de Paris, même celles des Fauxbourgs Saint Denis, Saint Martin, Montmartre, Saint Honoré, Richelieu, & icelles réunies aux Communautés de la Ville de pareille qualité.

ORDONNONS

ORDONNONS que les Maîtres des Fauxbourgs qui auront prêté le serment en cette qualité, en la maniere accoutumée, soient censés & reputés Maîtres de la Ville, ayent faculté de tenir boutique ouverte dans Paris, & jouissent, eux, leurs veuves & enfans de tous les droits qui appartiennent aux Maîtres de la Ville qui y ont été reçus par chef-d'œuvre, & que les Veuves des Maîtres des Fauxbourgs qui ont satisfait aux Arrêts du Conseil, jouissent des mêmes droits que les veuves des Maîtres de la Ville.

ABROGEONS pareillement tous les Statuts desdites Communautés des Fauxbourgs; Voulons qu'à l'avenir les Statuts des Communautés de la Ville soient exécutés dans toute l'étendue de la Ville & Fauxbourgs de Paris, & que tous les Procès qui étoient pendants en notre Cour de Parlement, ou en notre Châtelet de Paris, ou en aucune autre Jurisdiction entre aucunes Communautés de la Ville & des Fauxbourgs, demeurent assoupis. Faisons défenses de les poursuivre à l'avenir en quelque maniere & sous quelque prétexte que ce soit.

LES Maîtres des Fauxbourgs n'auront rang avec ceux de la Ville dans leur Communauté, que du jour du nouveau serment qu'ils auront prêté pardevant l'un de nos Procureurs au Châtelet, sans frais, & néanmoins pourront dès à présent être admis à la jurande, ainsi que les autres Maîtres de la Ville.

LES Maîtres des Fauxbourgs réunis à la Ville au moment de leur réception seront tenus, pour leur part & portion, de toutes les dettes de la Communauté de la Ville, dans laquelle ils auront été reçus, & réciproquement les Communautés de la Ville, seront tenuesdes dettes des Communautés des Fauxbourgs qui leur auront été réunies, dont les effets actifs leur appartiendront, & à cette fin seront remis incessamment entre les mains des Jurés de la Ville, par les derniers Jurés qui étoient en charge dans les Communautés des Fauxbourgs. Tous les meubles, argenterie & ornemens de Confrairie des Communautés des Fauxbourgs appartiendront pareillement aux Communautés de la Ville, & seront joint à ceux de leur Confrairie, qui sera desormais la Confrairie de toute la Communauté de la Ville & de tous les Fauxbourgs, & sera fait un inventaire exact de tous les meubles & ornemens des Confrairies des Fauxbourgs.

LES Communautés qui ne pouvoient recevoir que quatre Maîtres par an, en pourront recevoir huit, & de même dans les autres. Le nombre de la réception des Maîtres sera augmenté de moitié, sans que sous prétexte de ladite réunion, le nombre des Jurés puisse être augmenté en aucune Communauté.

LES enfans des Maîtres des Fauxbourgs qui sont décédés, pourront aspirer à la maîtrise de la Ville, sans faire plus grande expérience, ni payer plus grands droits que les Maîtres de la Ville; ce qui aura lieu pareillement à l'égard des compagnons qui auront fait leur apprentissage chez un Maître des Fauxbourgs qui pourront parvenir à la maîtrise, ainsi que les Apprentifs de Ville. SI DONNONS en mandement à nos amés & féaux Conseillers, les Gens tenans notre Cour de Parlement à Paris, que ces Présentes ils fassent lire, publier & registrer le contenu en icelles, garder & observer, selon leur forme & teneur, sans permettre qu'il y soit contrevenu en aucune façon & maniere que ce soit, nonobstant toutes Lettres, Réglemens, Arrêts & autres choses à ce contraires, auxquelles nous avons dérogé & dérogeons par ces Présentes. CAR tel est notre plaisir; & afin que ce soit chose ferme & stable à toujours, Nous avons fait mettre notre scel à cesdites Présentes. DONNÉ à Saint Germain-en-Laye au mois de Décembre l'an de grace 1678, & de Notre Regne le trente-sixieme. Signé, LOUIS; Et plus bas: Par le Roi, COLBERT; & scellé en lacs de soye du grand Sceau de Cire verte, & à côté *Visa*, LE TELLIER, pour servir à l'Edit, portant suppression des maîtrises des Fauxbourgs de Paris. Signé, COLBERT; & plus bas.

REGISTRÉ, Oui, & ce requerant le Procureur-Général du Roi, pour être exécutées selon leur forme & teneur, suivant l'Arrêt de ce jour; à Paris au Parlement, le septiéme Septembre mil six cens soixante-deux. Signé, JACQUES.

REGISTRÉ, Oui, & ce requerant le Procureur du Roi, pour être exécuté selon sa forme & teneur, suivant la Sentence rendue en la Chambre de Police, ce jourd'hui sixiéme Octobre 1679. Signé, THIERRI.

REGISTRÉ ès Registres de la Chambre de M. le Procureur du Roi au Châtelet, premier Juge, Conservateur des Corps des Marchands, arts & métiers de la Ville, Fauxbourgs & Banlieue de Paris, pour être exécuté selon sa forme & teneur, suivant la Sentence de ce jourd'hui 17 Mai 1680. Signé, SOUBRAS.

DECLARATION DU ROY,

POUR révoquer les Lettres de Maîtrise accordées sous différens titres.

19 Juin 1680.

LOUIS, par la grace de Dieu, Roi de France & de Navarre; A tous ceux qui ces Présentes Lettres verront, SALUT. Nous avons, suivant un ancien usage, accordé des Lettres de maîtrise à l'occasion de notre très-cher Fils unique le Dauphin, & à divers autres titres, comme Nous avons été informé qu'il en reste encore un très-grand nombre à distribuer, même de celles qui ont été pareillement accordées long tems auparavant en faveur du second mariage de notre très-cher oncle le Duc d'Orléans, & en divers autres occasions, même en vertu de notre Edit, du mois d'Août 1673, & tous autres donnés pour la création de pareilles maîtrises : & que l'augmentation excessive du nombre des Maîtres de chacune Communauté d'arts & métiers, laquelle arriveroit par la distribution de toutes Lettres qui n'ont encore été remplies depuis si long-tems, pourroit donner lieu à de grands abus, Nous avons résolu, pour les prévenir, de révoquer les Lettres non remplies, & de laisser seulement à ceux qui voudront être admis dans les Communautés, les moyens établis par leurs Statuts, pour s'y faire recevoir. A CES CAUSES & autres, à ce Nous mouvant, de notre certaine science, pleine puissance & autorité Royale, Nous avons révoqué & annullé par ces Présentes signées de notre main, révoquons & annullons les Lettres de maîtrise qui n'auront été remplies, & sur lesquelles il n'y a point eu de Maîtres reçus jusqu'au jour de la date des Présentes, à quelque titre & qualité qu'elles ayent été expédiées : Faisons défenses à toutes personnes de s'en servir, ni d'en distribuer aucunes ; à tous Juges de recevoir à l'avenir aucuns porteurs desdites Lettres, & aux Jurés & Maîtres des Communautés, de les admettre dans leur Corps à peine de nullité, & de quinze cens livres d'amende contre les contrevenans. SI DONNONS en mandement à nos amés & féaux Conseillers, les Gens tenant notre Cour de Parlement à Paris, Baillis, Sénéchaux & leurs Lieutenans, Maires, Echevins, & Consuls des Villes & Bourgs, & tous autres nos Officiers & Justiciers qu'il appartiendra, chacun en droit soi, que ces Présentes ils fassent lire, publier & registrer ès Registres de leurs Jurisdictions & le contenu en icelle garder & observer de point en point, selon leur forme & teneur. Car tel est notre plaisir. DONNÉ à Fontainebleau le 19 Juin l'an de grace 1680, & de notre Regne le trente-huitieme. Signé, LOUIS, Et plus bas ; Par le Roi. COLBERT.

REGISTRÉ, Oui le Procureur-Général du Roi, à Paris en Parlement le 22 Juillet. Signé, JACQUES.

ARREST DU CONSEIL D'ETAT DU ROI,

CONTRE Joron & Davennes, prétendus Marchands Privilégiés suivant la Cour.

13 Juillet 1688.

LE ROI étant informé, qu'au préjudice de la discipline établie par l'érection des Corps & Communautés des Marchands & des Artisans de Paris, & contre la disposition des Statuts qui ont été donnés à chacun desdits Corps & Communautés, pour la perfection des arts, & pour le bien du commerce ; il se commet divers abus, sous prétexte des titres de Marchands & d'Artisans privilégiés suivant la Cour, par le mauvais usage qui s'en fait depuis quelques années ; & au lieu que suivant les Ordonnances, les Statuts & les Réglemens, tous Marchands & Artisans doivent se contenir dans les bornes de leurs professions, sans pouvoir rien entreprendre les uns sur les autres; & au lieu que ceux qui prennent les titres de Marchands & d'Artisans Privilégiés suivant la Cour, doivent être premierement Marchands ou Artisans de la profession & métier dont ils prennent des titres; qu'ils doivent aussi être pris & choisis dans le nombre des Marchands & Artisans qui composent lesdits Corps & Communautés; ceux qui depuis quelque tems prennent lesdits titres ne sont ni Marchands, ni Maîtres, comme ils le devroient être, ou s'ils le sont, ils sont, & ils exercent ordinairement d'autres professions contraires, & à cause desquelles il leur est expressément défendu d'exercer les métiers & professions, pour lesquels ils prennent lesdits prétendus Priviléges, ainsi qu'il s'est encore pratiqué en dernier lieu, après divers Arrêts du Conseil, par lesquels, & pour le bien & utilité des Manufactures de laine & du commerce, Sa Majesté avoit fait défense à tous Marchands, autres qu'aux Marchands Drapiers, de vendre dans Paris en gros ou en détail aucunes marchandises de draperies de laine. Le nommé Joron Maître Fripier, auquel il est expressément défendu (à cause de sa profession de Fripier) de faire commerce de marchandises de Drapiers de laine neuve, n'a pas laissé d'acheter & faire magasin d'un grand nombre de pieces de draps; mais n'en pouvant faire le débit à cause desdits Réglemens & Arrêts, il a pris un titre de Tailleur privilégié selon la Cour, lequel est néanmoins incompatible avec celui de Maître Fripier: & quoiqu'en l'une ni dans l'autre qualité ledit Joron ne puisse faire commerce de draperie de laine, il n'a pas laissé d'opposer aux Gardes des Marchands Drapiers le titre de Tailleur privilégié, lorsqu'ils ont fait saisir lesdites marchandises trouvées dans le magasin dudit Joron; Et d'autre part, le nommé Davennes ci-devant Marchand Mercier, après avoir fait son option pour être reçu Marchand Drapier suivant lesdits Arrêts, & lui étant défendu en ladite qualité de Marchand Drapier, de vendre des étoffes de soye & autres étoffes semblables; il a pris un titre de Marchand Mercier privilégié, afin d'éluder par ce moyen l'exécution desdits Arrêts, des Réglemens & des Statuts des deux Corps des Marchands Drapiers & Merciers, prétendant à la faveur de ce titre, exercer aussi bien que ledit Joron deux professions incompatibles, qui donneroient lieu tous les jours à diverses contestations qui rendroient impossible l'exécution des Ordonnances & des Réglemens, & qui par conséquent rendoient aussi inutile la discipline établie par les Statuts particuliers de chaque Corps de Marchands & de chaque Communauté d'Artisans, s'il n'y étoit pourvû par sa Majesté. Vû les Arrêts du Conseil des seize Août, onze Octobre & vingt-huitiéme Novembre 1687, ensemble les significations faites par lesdits Joron & Davennes, aux Maîtres & Gardes des Marchands Drapiers, des titres de Tailleur & de Marchand Mercier suivant la Cour privilégiés. LE ROI ETANT EN SON CONSEIL, a ordonné & ordonne que les

Arrêts dudit Conseil des seize Août, onze Octobre & vingt-huit Novembre 1687, seront exécutés; & en conséquence Sa Majesté fait très-expresses défenses audit Joron d'avoir & de vendre aucunes marchandises, autres que celles qui lui est permis de vendre par son métier de Maître Fripier, & d'entreprendre sur la profession des Marchands Drapiers de Paris, à peine d'amende & de confiscation; comme aussi Sa Majesté fait défenses, & sous les mêmes peines, audit Davennes de vendre aucunes marchandises de Soye, & autres marchandises de Merceries, & d'entreprendre sur la profession des Marchands Merciers: Fait aussi défenses auxdits Davennes & Joron, de prendre la qualité de Marchand Mercier & de Tailleur Privilégiés suivant la Cour, ou d'en faire les fonctions; & sur la saisie faite par les Gardes des Marchands Drapiers sur ledit Joron, Sa Majesté ordonne qu'il sera procédé en la maniere ordinaire, & en cas d'appel au Parlement: Enjoint au sieur de la Reynie, Conseiller ordinaire en son Conseil d'Etat, & Lieutenant Général de Police, de tenir la main à l'exécution du présent Arrêt. FAIT au Conseil d'Etat du Roi, Sa Majesté y étant, tenu à Versailles le treiziéme jour de Juillet 1688. Signé, COLBERT.

Le dix-septiéme Août mil six cens quatre-vingt-huit, sur les sept heures du matin, le présent Arrêt & commission y attachée, ont été par nous Huissier ordinaire du Roi en ses Conseils soussigné, montré, signifié, & d'iceux laissé copie aux fins y contenues, & des défenses y portées auxdits Davennes & Joron, en leurs domiciles, parlant à leurs personnes, à ce qu'ils n'en ignorent, ayent à y obéir, auxquels avons réitéré lesdites défenses sur les peines y mentionnées. Signé, BOIVIN, avec paraphe.

ARREST DU CONSEIL D'ETAT PRIVE',

RENDU entre l'Ordre de Malthe & les six Corps des Marchands de Paris, qui déclare valable une Saisie faite par les six Corps dans Saint Jean-de-Latran, & défend à aucun Marchand d'y faire le Commerce, s'il n'est reçu dans l'un des six Corps.

24 Décembre 1694.

ENTRE les Maîtres & Gardes du Corps des Marchands Merciers, Grossiers, Jouailliers de la Ville de Paris, Demandeurs d'une part: Et Pierre Jannart demeurant dans la rue de l'Oursine, faisant partie de la Seigneurie de la Commanderie de Saint Jean-de-Latran, Défendeur d'autre part: Et Religieux Seigneur Frere Louis de Fleurigny, Chevalier de l'Ordre de Saint Jean de Jerusalem, Commandeur de

Pont-Aubert, au nom, & comme Receveur du commun trésor dudit Ordre au Grand Prieuré de France, ayant repris l'Instance au lieu de Religieux Seigneur Frere Charles de Savonniere de la Breteche vivant Chevalier Bailli dudit Ordre, Commandeur de la Commanderie de Saint Jean-de-Latran & ses dépendances, & à présent vacante en mortuaire par le décès dudit sieur de Savonniere de la Breteche, lequel Sr. de la Breteche, depuis qu'il avoit été nommé Commandeur, avoit repris ladite Instance au lieu & place dudit sieur de Fleurigny, audit nom de Receveur du commun trésor, tant en son nom de Commandeur, que comme prenant le fait & cause dudit Jannart, en laquelle Instance ledit sieur de Fleurigny audit nom, étoit demeuré en cause pour l'Ordre de Malthe, suivant l'Arrêt du Conseil du quatorzieme Septembre 1694, lequel sieur de Fleurigny avoit repris l'Instance au lieu & place du sieur de Bonneville, lors Receveur dudit commun trésor, qui l'avoit reprise au lieu & place du défunt sieur Commandeur Davernes, aussi lors Receveur du commun trésor, avec lequel ladite Instance a commencé, tous èsdits noms, ayant pris le fait & cause dudit Jannart, Défendeur d'autre part : Et les Maîtres & Gardes des six Corps des Marchands de Paris reçus Parties intervenantes en ladite Instance, sans que lesdites qualités puissent nuire ni préjudicier aux Parties. Vu au Conseil du Roi, l'Arrêt du Conseil du cinq Octobre 1691, rendu sur la Requête desdits Demandeurs, tendante à ce qu'il plût à Sa Majesté ordonner que le sieur Davernes & ledit Jannart seroient assignés au Conseil, pour se voir régler de Juges d'entre le Châtelet de Paris & le Grand-Conseil; & ordonner, si faire se doit, que sans s'arrêter à l'Arrêt sur Requête du Grand-Conseil du 28 Septembre dernier, & ce qui s'en est ensuivi, les Parties seront renvoyées par devant le sieur Lieutenant-Général de Police du Châtelet de Paris, avec dépens, dommages & intérêts, cependant sursis à toutes poursuites jusqu'à ce qu'autrement par Sa Majesté en ait été ordonné à peine de nullité & de cassation, & dès à présent déclarer l'emprisonnement fait de la personne de Sautereau du deux du présent mois, à la requête desdits Davernes & Jannart, injurieux, tortionnaire & déraisonnable, ordonner que son écrou sera rayé & biffé, qu'il sera mis hors des prisons dans lesquelles il est détenu, à ce faire le Geollier contraint par corps; quoi faisant déchargé, condamner lesdits Davernes & Jannart solidairement en dix mille livres de dommages, intérêts & aux dépens, avec défenses à toutes personnes d'user de telles voies, ni d'exercer aucunes contraintes contre lesdits Maîtres & Gardes, sauf à les faire exécuter contre le Concierge de leur Bureau Dépositaire des marchandises saisies; par lequel Arrêt est ordonné qu'aux fins de ladite Requête, lesdits Davernes, Jannart & Auvray seront assignés au Conseil pour être reglés d'entre ledit Grand-Conseil & le Châtelet de Paris; Fait Sa Majesté défenses aux Parties de faire poursuites, ailleurs qu'au Conseil, à peine de nullité, cassation de procédures, dépens, dommages & intérêts, & de trois mille livres d'amende; cependant ordonne

Sa Majesté que par provision ledit Sautereau sera élargi des prisons du Fort l'Evêque, son écrou rayé & biffé, pourvû qu'il ne tienne pour autre cause, à ce faire le Geollier contraint par corps, quoi faisant déchargé. Ordonne en outre Sa Majesté qu'à l'avenir aucunes contraintes par corps ne pourront être exercées contre lesdits Maîtres & Gardes, pour raison de leurs visites, sauf à les faire exécuter contre le Concierge de leur Bureau, Dépositaire des marchandises saisies, jusqu'à ce qu'autrement par le Conseil en ait été ordonné. Veut & entend Sa Majesté qu'il soit informé des excès & violences commises en la personne dudit Sautereau par l'Huissier Auvray & ses Archers, lors dudit emprisonnement, à la requête dudit Procureur-Général des Requêtes de l'Hôtel, poursuite & diligence desdits Maîtres & Gardes, par le sieur Bignon Maître des Requêtes qu'Elle a commis à cet effet, pour le tout vû & rapporté au Conseil être fait droit, ainsi qu'il appartiendra. Au bas duquel Arrêt sont les exploits de significations d'icelui audit sieur Davernes, Jannart & Auvray, avec assignation au Conseil des six & huit Octobre 1691. Appointement de Réglement signifié en ladite Instance entre lesdits Demandeurs & ledit Auvray Défendeur le 23 Novembre 1691, par le sieur de la Bouttiere lors Rapporteur, déclaré commun avec lesd. Srs Davernes & Jannart par les procès-verbaux dudit Sr de la Bouttiere des 27 & 28 Novembre 1691. Arrêt du Conseil rendu sur le procès-verbal de referé du sieur Pinon Maître des Requêtes, lors Rapporteur, du 19 Mars 1692, par lequel est ordonné que ledit Auvray sera tiré des qualités de ladite Instance en Réglement de Juges, dépens compensés entre les Parties, au bas est la signification du 22 Mars audit an. Requête de *Subrogatur* du sieur Rouillé pour Rapporteur de l'Instance au lieu du sieur Pinon du 2 Juillet 1692, signifiée le 12 dudit mois. Arrêt du Conseil du 23 Août 1692, rendu sur la Requête desdits Demandeurs, tendante à ce qu'il leur fût permis de faire assigner au Conseil le Receveur du commun trésor dudit Ordre de Malthe, pour reprendre ou délaisser ladite Instance au lieu & place dudit sieur Davernes décédé, par lequel a été ordonné que ledit Receveur seroit assigné au Conseil pour reprendre ou délaisser l'Instance, & être fait droit ainsi qu'il appartiendra. Au bas duquel est l'exploit de signification & assignation audit sieur Receveur du commun trésor de l'Ordre de Malthe du 23 Août 1692 Procès verbal dudit sieur Rouillé du 24 Septembre 1692, par lequel est ordonné que ladite Instance demeurera pour reprise par le sieur de Bonnev.lle, audit nom, au lieu dudit sieur Davernes, pour y procéder suivant les derniers eremens, signifié le premier Octobre 1692. Production desdits Demandeurs, par laquelle ils concluent à ce que les Parties soient renvoyées pardevant le sieur Lieutenant Général de Police au Châtelet de Paris, pour y procéder sur leurs procès & différends, circonstances & dépendances, suivant les derniers eremens, avec dépens. Requête d'avertissement desdits Demandeurs du 2 Août 1692, contenant lesdites conclusions. Imprimé d'Ordonnance du Roi du mois de Janvier 1613, servant de Statuts ausdits Demandeurs, enregistrés au Parlement de Paris le 7 Mars 1663. Lettres Patentes du Roi du mois d'Août 1645, portant confirmation desdits Statuts. Procès-verbal du Commissaire Guyenet du 25 Septembre 1691, par lequel il paroît qu'il s'est transporté, à la requisition desdits Demandeurs, chez ledit Jannart, pour faire la visite de ses marchandises. Autre Procès-verbal du même jour fait par l'Huissier Jacquemart, en présence dudit Commissaire, portant saisie desdites marchandises, dont la plus grande partie fut laissée à ladite garde dudit Jannart, & l'autre transportée au Bureau desdits Merciers, avec assignation pardevant le Lieutenant-Général de Police audit Jannart, pour voir déclarer ladite saisie bonne & valable. Copie d'Arrêt du Grand-Conseil du 28 Septembre 1691, rendu sur la Requête du sieur Davernes, prenant le fait & cause dudit sieur Jannart, à ce qu'il fût déchargé de l'assignation à lui donnée pardevant le sieur Lieutenant Général de Police, défenses auxdits Merciers de troubler ledit Jannart dans l'exercice de la vente de ses marchandises, ordonner que les choses sur lui saisies lui seront rendues & restituées, à ce faire lesdits Merciers, & ceux qui les auront prises, ou qui s'en trouveront saisis, contraints même par corps, & à tous Huissiers de mettre à exécution aucune Sentence surprise sur ladite assignation, sous telle peine qu'il plaira audit Grand-Conseil, & condamner solidairement lesdits Merciers en l'amende & aux dépens. Par lequel est ordonné que sans s'arrêter à ladite assignation ledit Jannart est déchargé, que les Parties procéderont audit Grand-Conseil sur la demande desdits Merciers, & cependant à la caution dudit Jannart, main-levée lui est faite, à ce faire lesdits Maîtres & Gardes, & autres Dépositaires, seront contraints & par corps, quoi faisant déchargés, défenses aux Parties de faire poursuite ailleurs qu'au Grand-Conseil à peine de nullité, cassation, cinq cens livres d'amende, dépens, dommages & intérêts. Exploit de commandement fait en conséquence dudit Arrêt ausdits Maîtres & Gardes en leur Bureau le premier Octobre 1691. Acte de soumission de caution fait par ledit Jannart audit Grand-Conseil le 28 Septembre 1691. Procès-verbal d'écroue & emprisonnement de la personne dudit Sautereau l'un desdits Maîtres & Gardes ès prisons dudit Fort-l'Evêque du deuxiéme Octobre 1691. Arrêt du Conseil du 28 Novembre 1691, qui renvoye le procès criminel concernant les violences faites audit Sautereau par l'Huissier Auvray lors dudit emprisonnement aux Requêtes de l'Hôtel, pour y être instruit & jugé souverainement & en dernier ressort. Arrêt contradictoire des Requêtes de l'Hôtel du 31 Mars 1692, qui condamne ledit Auvray & Jannart solidairement en cinq cens livres de dommages & intérêts, & à demander pardon audit Sautereau, & ledit Auvray interdit pour trois mois. Arrêt du Conseil du 23 Mai 1692 sur referé sur la demande dudit Davernes de jonction de ladite Instance avec d'autres Instances pendantes au Conseil, par lequel sans s'arrêter à ladite demande, il est ordonné

donné que ladite Instance sera jugée séparément : copie d'un Arrêt du Parlement de Paris du 23 Janvier 1681 rendu entre le Chapitre de S. Marcel, & les Maîtres & Gardes de la Mercerie de Paris, par lequel une Sentence du Bailli de Saint Marcel, qui permettoit au nommé Leschalatte de tenir boutique de Mercerie est déclarée nulle, & une Sentence du Châtelet qui le condamnoit à fermer sa boutique, exécutée : copie imprimée d'Arrêt du Parlement de Paris du 29 Mars 1642, qui fait défenses à l'Abbaye de Saint Germain-des-Prés de délivrer aucunes Lettres de Marchands Merciers dans ledit Fauxbourg : copie de Lettres-Patentes du Roi du mois de Février 1657. accordées à ladite Abbesse de Saint Antoine, qui déroge à l'Edit du mois d'Octobre 1642, & lui continue le privilege & franchise des Ouvriers & gens de métiers dans le fauxbourg Saint Antoine : Arrêt du Conseil du 27 Novembre 1657, rendu sur la Requête des Maîtres & Gardes des Macchands Merciers, qui ordonne l'exécution d'un autre Arrêt rendu par forclusion contre ladite Dame Abbesse de Saint Antoine, prenant le fait & cause de Claude Cherat, se disant Mercier audit Fauxbourg, qui avoit renvoyé les Parties au Châtelet de Paris, & par appel au Parlement : copie d'Arrêt du Parlement de Paris du 20 Décembre 1683, qui fait défenses à toutes personnes de tenir boutique ouverte dans ladite Ville & Fauxbourgs de Paris de Marchands Merciers, s'ils ne sont reçus dans leur Corps, & en cas de contravention permis de saisir : copie d'Arrêt du Conseil du cinquiéme Novembre 1666, qui ordonne que la Police générale de la Ville, Fauxbourgs & Banlieue de Paris, seroit faite par les Officiers du Châtelet, avec défenses à tous Juges d'entreprendre, ni de donner aucun trouble auxdits Officiers pour raison de ce : copie d'Arrêt du Conseil du troisiéme Février 1674, rendu sur la Requête des Maîtres & Gardes Merciers, qui les décharge des assignations à eux données au Conseil à la Requête d'Angilbert & sa femme Lingere privilégiée suivant la Cour, qui casse l'emprisonnement fait de la personne du Grand Garde, renvoye les Parties au Châtelet, & par appel au Parlement : copie imprimée d'Arrêt du Conseil, qui réunit les Marchands & Maîtres aux Communautés en payant les taxes : Autre Arrêt du Conseil du 31 Octobre 1675, qui renvoye les Parties au Lieutenant de Police pour la visite : Autre Arrêt du Conseil du 7 Mars 1679, qui ordonne que les Orfévres travaillans dans l'enclos de Saint Denis de la Chartre, du Temple & Saint Jean-de-Latran, seront tenus d'en sortir, à peine de 500 livres d'amende : autre Arrêt du Conseil du 18 Mars 1684, qui ordonne que les Orfevres pourront faire la visite dans lesdits lieux : copie d'autre Arrêt du Conseil du 28 Janvier 1678, rendu sur les remontrances du sieur Ambassadeur de Malthe, à cause de l'union faite au Châtelet de Paris par l'Edit de Février 1674, des Justices des Commanderies du Temple & de Saint-Jean-de-Lattan & ses dépendances ; par lequel lesdites Justices sont réservées seulement dans les enclos du Temple & de Saint Jean-de-Latran, enregistré au Parlement de Paris le 7 Septembre

1678. Production dudit sieur de Bonneville audit nom de Receveur du commun trésor au Grand Prieuré de France ci-dessus ; conclud à ce que sans avoir égard à l'intervention desdits Maîtres & Gardes des six Corps, & à la demande desdits Maîtres & Gardes des Marchands Merciers, dont ils seront déboutés, renvoyer les Parties au Grand-Conseil sur leurs différends, circonstances & dépendances, suivant les derniers erremens, conformément aux Lettres-Patentes d'évocation & attribution des causes dudit Ordre du 7 Mai 1644, & les condamner aux dépens : Requête d'avertissement du 25 Novembre 1691, contenant lesdites conclusions : copie en latin d'une Bulle du Pape Honorius, du 4 Janvier 1686, qui défend à qui que ce soit de violenter ceux qui se retireront dans les maisons des Freres de Malthe & dans leur enceinte : copie d'une Transaction du mois d'Août 1279, entre le Roi Philippe le Hardi & les Religieux du Temple de Paris, concernant leurs Justices : copie de Lettres-Patentes de Philippe-le-Bel du mois de Février 1294, concernant les priviléges & franchises dudit Ordre : deux copies d'Arrêt du Parlement de Paris des 26 Février 1320 & 30 Janvier 1321, concernans une saisie faite par le Chambrier sur des provisions qui donne la provision sur ladite saisie : copie de Lettres-Patentes du Roi Philippe-le-Bel, du mois de Septembre 1330, en forme de Garde Gardienne, portant confirmation desdits priviléges de l'Ordre : copies d'autres Lettres du Roi Henri II. du mois de Juin 1559, qui confirme lesdits priviléges en faveur de François de Lorraine, Grand-Prieur de France : autres copies de Lettres-Patentes du Roi Henri IV. de 1576, confirmatives desdits priviléges : copie d'autres Lettres du Roi Louis XIII. du mois de Janvier 1619 : autre copie de Lettres-Patentes du Roi Louis XIV. du mois de Septembre 1651, confirmatives desdits priviléges : toutes lesquelles Lettres-Patentes ont été enregistrées au Parlement, Chambre des Comptes, Cour des Aydes : Lettres-Patentes du 7 Mai 1644, portant évocation générale au Grand-Conseil de toutes les affaires de l'Ordre en général, & non en particulier : extrait des Statuts de l'Ordre : copie de Lettres-Patentes du 20 Mars 1678, accordées audit Ordre de Malthe en conformité de l'Arrêt du Conseil d'Etat du 28 Janvier 1678 : copie de Lettres-Patentes du mois de Février 1657, accordées à la Dame Abbesse de Saint Antoine, portant confirmation des franchises, pour les arts & métiers du Fauxbourg Saint Antoine : copie d'autres Lettres-Patentes du mois de Novembre 1674, accordées au monastere du Val-de-Grace, sur leurs priviléges & franchise des arts & métiers : copie d'Arrêt du Conseil du 29 Mai 1689, rendu sur la Requête de la Dame Abbesse de Saint Antoine, pour raison des saisies faites sur les Doreurs : sept copies d'Arrêts du Conseil des 25 Janvier 1658, 8 Février 1667, 28 Avril 1670. 13 Février 1671, 11 Août 1672, 9 Juillet 1681 & 28 Septembre 1685, servans de préjugés qui ont tous renvoyé les affaires de l'Ordre au Grand Conseil : copie d'Arrêt du Grand Conseil du 15 Avril 1676, rendu sur la Requête du Receveur du commun trésor dudit Ordre au

Grand Prieuré de France, jouissant de la Commanderie de Saint Jean-de-Latran & Seigneurie de l'Oursine, portant assignés les Maîtres & Gardes des Apoticaires, & autres arts & métiers de la Ville de Paris, pour procéder sur le trouble par eux fait : deux autres Arrêts du Grand-Conseil des 7 Septembre 1676 & 18 Juillet 1682, qui ordonne l'exécution des Arrêts précédens : Requête des Maîtres & Gardes des six Corps des Marchands de Paris, afin d'être reçus Parties intervenantes en ladite Instance ; & faisant droit sur leur intervention, déclarer le réglement porté par l'Arrêt du 5 Octobre 1691, commun avec eux, & suivant icelui, ordonner qu'à l'avenir aucunes contraintes par corps ne pourront être exercées contre les Maîtres & Gardes des Corps des Marchands, ni contre les Jurés des Communautés d'Artisans pour raison de leurs visites, sauf à les faire exécuter contre les Concierges de leur Bureau, & autres Dépositaires des marchandises & ouvrages saisis, & prononçant sur le reglement de Juges, adjuger les conclusions prises par les Maîtres & Gardes de la Mercerie ; ce faisant renvoyer les Parties pardevant le Lieutenant Général de Police au Châtelet de Paris, pour y procéder sur leurs procès & différends suivant les derniers erremens ; condamner Jannart & ledit sieur Commandeur aux dépens, & leur donner acte du contenu en leur requête employée pour moyens d'intervention, écritures & production ; au bas est l'Ordonnance de reçû Parties intervenantes : acte de l'emploi, & au surplus en jugeant, sera fait droit, & soit signifié, Fait le 21 Août 1692. Signé, Rouillé ; Et plus bas, la signification du 1er. Septembre 1692. Requête desdits Marchands Merciers du 2 Janvier 1693, servans de contredits contre la production du sieur Commandeur de Bonneville ; au bas est l'Ordonnance dudit jour, & la signification du 5 dudit mois : Requête dudit Sr Commandeur de Bonneville du 13 Janvier 1693, servant de contredits contre la production desdits Merciers, & de production nouvelle : au bas est l'Ordonnance dudit jour, & la signification du 3e. Mars 1693. Requête desdits Merciers servant de salvations : au bas est l'Ordonnance dudit jour, & la signification des 13 & 17 Mars 1693. Arrêt contradictoire du Conseil, du 16 Septembre 1693, par lequel Sa Majesté a retenu à soi & à sondit Conseil les procès & différends desdites Parties, & ordonné que dans huitaine, elles ajouteront à leurs productions, écriront & produiront tout ce que bon leur semblera par devers le sieur Rapporteur de l'Instance, pour sur le tout, être fait droit ausdites Parties, ainsi que de raison, dépens réservés : au bas duquel est la signification faite aux Avocats des Parties du 22 dudit mois de Septembre 1693. Production desdits Demandeurs sur ladite rétention : Requête d'emploi du 2 Octobre 1693, à ce qu'il plût à Sa Majesté déclarer la saisie faite sur ledit Jannart le 25 Septembre 1691 bonne & valable, ordonner que les marchandises saisies seront confisquées, lui faire défenses de plus vendre aucunes marchandises de mercerie, sous pareilles peines de confiscation, & de telle amende qu'il plaira au Conseil, débouter ledit sieur de Bonneville, au nom de Procureur & Receveur du commun trésor de l'Ordre de Saint Jean-de-Jérusalem, & en cette qualité Administrateur de la Commanderie de Saint Jean-de-Latran, vacante en mortuaire, de la Requête présentée au Grand Conseil par le défunt sieur Commandeur Daucenes son Prédécesseur, insérée en l'Arrêt du Grand-Conseil du 28 dudit mois de Septembre 1691, & de sa prétention de franchise dans la rue de l'Oursine, du moins par rapport au Corps de la Mercerie, le condamner, ensemble ledit Jannart aux dépens; au bas est l'Ordonnance & la signification du 3 dudit mois : Procès verbal du sieur Rouillé Maître des Requêtes, Rapporteur de ladite Instance du 29 dudit mois d'Octobre 1693, par lequel a été ordonné que ladite Instance pendante au Conseil entre led. Sr de Bonneville, ledit Jannart, les Demandeurs & Intervenans, demeurera pour reprise avec le Sr Commandeur de Fleurigny audit nom, au lieu & place dudit sieur, dont la charge étoit finie, sur laquelle Instance les Parties procéderoient suivant les derniers erremens, au bas duquel la signification du 12 Novembre 1693. Autre Requête d'emploi desdits Demandeurs du 20 Novembre 1693, à ce que faisant droit sur l'Instance, & leur adjugeant les conclusions par eux prises depuis l'Arrêt de rétention, leur adjuger pareillement celles par eux prises par leur Requête insérée en l'Arrêt du Conseil du 5 Octobre 1691 pour la cassation de l'Arrêt du Grand Conseil, du 28 Septembre précédent, & condamner le sieur Commandeur de Fleurigny aux dépens, au bas de laquelle est l'Ordonnance d'En jugeant dudit jour, & la signification du 23 dudit mois : Arrêt du Conseil d'Etat du 13 Octobre 1667, par lequel est ordonné l'exécution des Lettres-Patentes servans de Statuts auxdits Marchands Merciers de faire la visite tant dans la Ville qu'aux Foires y nommées, chez tous les Marchands privilégiés, même ceux suivans la Cour, dont sera dressé Procès-verbal, & fait rapport au sieur Lieutenant-Général de Police pour être par lui fait droit sur la saisie, & la confiscation des marchandises prononcée, avec condamnation de dépens & d'amende, s'il y écheoit : défenses à tous autres Juges d'en connoître : Edit du mois de Février 1674, portant réunion de toutes les justices de Paris : production des six Corps des Marchands sur ladite rétention : Requête d'emploi servant de production & de contredits, par laquelle ils concluent à ce que les conclusions par eux ci-devant prises en l'Instance, leur soient adjugées, au bas de laquelle est l'Ordonnance du 20 Mars 1694, la signification & le produit des 6 & 10 Mai 1694. Arrêt du Conseil du 13 Novembre 1693, rendu sur la Requête des Maîtres & Gardes des six Corps des Marchands de Paris, tendante à ce qu'il plût à Sa Majesté, faisant droit sur l'Instance : ordonner que les Statuts des Supplians, les Lettres-Patentes, Déclarations, Arrêts & Réglemens donnés en leur faveur seront exécutés selon leur forme & teneur, & en conséquence, sans s'arrêter à tout ce qui s'est fait au Grand Conseil qui sera cassé & annullé, déclarer la saisie faite le 25 Septembre 1691, à la Requête des Maîtres,

& Gardes de la mercerie sur Pierre Jannart bonne & valable, ordonner que les marchandises saisies seront confisquées, & pour son entreprise & celle du sieur de Bonneville audit nom, les condamner solidairement en quinze cens livres d'amende, & pareille somme de dommages & intérêts, faire défenses à Jannart & à tous autres d'exercer aucunes des professions des Supplians dans la rue de l'Oursine, s'il n'est de leur Corps, & au sieur Commandeur de Saint Jean-de-Latran, & tous autres d'y en établir, & souffrir aucun, à peine de confiscation des marchandises, dix mille livres d'amende, & de pareille somme de dommages & intérêts, leur faire pareillement défenses de troubler les Supplians dans le droit & la possession de visiter ceux de leur Corps qui sont établis, ou qui s'établiront ci-après dans la rue de l'Oursine, & faire procéder par voie de saisie contre les contrevenans, avec défenses aux Parties de procéder sur les saisies & contestations ailleurs que pardevant le sieur Lieutenant-Général de Police au Châtelet de Paris, & par appel au Parlement, comme aussi déclarer l'Arrêt du 5 Octobre 1691, en ce qu'il fait des défenses d'emprisonner à l'avenir les Gardes de la mercerie, commun avec les Supplians, & en conséquence faire défenses à tous Juges de condamner les Supplians par corps, à la représentation & restitution des choses qu'ils auront fait saisir dans leurs visites, & à toutes personnes de les y contraindre, sauf à prononcer & à faire exécuter ces sortes de contraintes par corps contre les Concierges de leurs Bureaux, Dépositaires des choses saisies, à peine de nullité, cassation de procédures, dix mille livres d'amende, & de pareille somme de dommages & intérêts; au surplus condamner Jannart solidairement avec le sieur Commandeur aux dépens de l'Instance, par lequel Arrêt il est ordonné que sur les fins de ladite Requête, les Parties se communiqueront dans trois jours les pieces dont elles entendent s'aider, écriront & produiront trois jours après tout ce que bon leur semblera pardevers ledit sieur Rapporteur de l'Instance, & joint à icelle, pour sur le tout être fait droit aux Parties, ainsi que de raison, au dos duquel Arrêt est la signification d'icelui auxdites Parties; le

: Arrêt du Conseil d'Etat du 29 Septembre 1674, qui érige en Corps de maîtrise & jurande toutes personnes sans exception, faisant trafic ou commerce de quelque marchandise que ce soit en la Ville & Fauxbourgs de Paris: autre Arrêt du Conseil du 31 Mai 1675, qui ordonne que tous les Maîtres Artisans des Fauxbourgs de Paris demeureront réunis & incorporés avec ceux de la Ville de Paris, pour ne faire plus qu'un même Corps & Communauté sur les Statuts accordés: autre Arrêt du Conseil sur le même du 12 Juillet 1675. Edit du Roi du mois de Décembre 1678, portant suppression des Maîtres des Fauxbourgs, & réunion avec la Ville: autre Edit du Roi du mois de Juin 1617, rendu en faveur des Marchands Pelletiers & Bonnetiers, pour jouir des priviléges des autres Marchands, & être du nombre des six Corps, & jouir de leurs Statuts: Arrêt du Conseil du vingt-sept Février

1665, rendu entre les Merciers & les autres Corps des Marchands, & Pierre Dacoigné Marchand Joyaillier du Grand Conseil, & le Prevôt de l'Hôtel, portant cassation du privilége dudit Dacoigné : Sentence du Châtelet rendue par le sieur Lieutenant-Général de Police du 13 Septembre 1669, portant défenses au nommé Etienne du May, ouvrier Bonnetier de l'Hôpital de la Trinité, de prendre la qualité de Marchand; Arrêt du Parlement de Paris du 5 Mars 1670, portant confirmation de ladite Sentence : Arrêt du Conseil d'Etat du 3 Septembre 1674, qui décharge les Marchands Merciers de Paris de l'assignation à eux donnée en réglement de Juges, casse les Sentences de la Prevôté de l'Hôtel, & Arrêt du Grand-Conseil obtenu par les nommés Angilbert & Gueullet Marchands suivant la Cour, & déclare l'emprisonnement fait du Grand Garde des Merciers injurieux, l'écroue rayé, & sur la saisie renvoye les Parties au Châtelet, & par appel au Parlement : Arrêt du Parlement du 20 Fevrier 1674, confirmatif d'une Sentence du Châtelet rendue au profit des Marchands Bonnetiers contre plusieurs Particuliers ouvriers du Fauxbourg Saint Antoine, qui avoient fait rébellion à leur visite : autre Arrêt du Parlement du 8 Avril 1675 en faveur des Marchands Epiciers sur le fait de leurs visites contre des gens du Fauxbourg Saint Antoine : autre Arrêt du Conseil du 14e. Mars 1676, en faveur des Marchands Epiciers contre les Chandeliers : Arrêt du Parlement de Paris du 3 Mars 1689, rendu en faveur des Marchands Epiciers, qui confisque à leur profit les cierges de cire par eux saisis sur un nommé Claquenel demeurant dans l'enclos de l'Abbaye Saint Antoine : production dudit sieur de Fleurigny audit nom du Receveur du commun trésor dudit Ordre au Grand Prieuré de France, au lieu du Sr. Bonneville èsdits noms & qualités ci-dessus sur ladite rétention. Avertissement par lequel il conclud à ce que faisant droit sur le principal, retenu au Conseil par ledit Arrêt contradictoire du 16 Septembre 1692, sans avoir égard à l'intervention desdits Maîtres & Gardes des six Corps des Marchands de Paris, & à leur requête insérée en l'Arrêt du Conseil du 13 Novembre, dont ils seront déboutés en ce qui regarde les priviléges & franchises de l'Ordre de Malthe, ni à la requête des Marchands Merciers du 20 dudit mois de Novembre dont ils seront pareillement déboutés, maintenir & garder ledit Ordre dans ses priviléges, exemptions, droits, franchises & libertés accordées aux Chevaliers dudit Ordre par les Papes & Rois de France, non-seulement dans les enclos du Temple & de Saint Jean-de-Latran, mais aussi dans la rue de l'Oursine & Hôtel Zaune en dépendantes; ordonner que les marchandises saisies sur ledit Jannart, lui seront rendues & restituées, à ce faire les Dépositaires contraints par corps, quoi faisant déchargés; faire défenses auxdits Marchands Merciers, Jouailliers, Maîtres & Gardes des six Corps des Marchands de Paris, & tous autres de les plus troubler à l'avenir, ensemble led. Jannart & tous autres dans l'exercice de leurs professions, arts & métiers, & dans la vente de leurs marchandises, à peine de dix mille livres d'amende, & pour l'avoir fait, les condamner en tous leurs dommages & intérêts, & aux dépens de la présente Instance, même en ceux réservés par ledit Arrêt du Conseil du 16 Septembre 1693, après la déclaration que ledit sieur Receveur de l'Ordre a fait en l'Instance de réglement de Juges, & qu'il réitere qu'il n'empêche que la visite ne se fasse chez les Marchands & Artisans desdits enclos & de la rue de l'Oursine, en conséquence des Ordonnances du sieur Lieutenant-Général de Police, qui en donnera la permission aux Maîtres & Gardes de la Ville de Paris, & en présence d'un Commissaire du Châtelet qui sera par lui nommé, le tout ainsi & de la maniere qu'il est porté par les Lettres-Patentes du 16 Septembre 1678. Emploi de la production principale faite en l'Instance de réglement de Juges, où tous les titres de l'Ordre sont produits. Requête de contredits dudit sieur de Fleurigny audit nom, contre les productions & requêtes des Demandeurs & Intervenans, au bas de laquelle est l'Ordonnance du 10 Mars 1694, & la signification du 23 dudit mois. Requête desdits Marchands Merciers servant de contredits contre la production du sieur de Fleurigny audit nom, au bas de laquelle est l'Ordonnance du dernier Mars, & la signification du 2 Avril 1694. Arrêt contradictoire du Conseil du 4 Septembre 1694, rendu sur un procès-verbal de référé, contenant les contestations des Parties sur la reprise de l'Instance par le feu sieur Bailli de la Breteche comme Commandeur de Saint Jean-de-Latran, au lieu & place du sieur de Fleurigny audit nom, & sur les contestations de sçavoir si ledit sieur de Fleurigny seroit mis hors de cause, ou s'il y resteroit pour l'Ordre de Malthe au Grand Prieuré de France, l'affaire ayant été toute instruite & mise en état avec lui en ladite qualité de Receveur du commun trésor dudit Ordre pour sûreté des dépens, & afin que l'Arrêt qui interviendroit fût déclaré commun avec ledit Ordre, par lequel Arrêt il est ordonné que ladite Instance pendante au Conseil entre lesdits Maîtres & Gardes des Marchands Merciers de Paris, ledit sieur de Fleurigny Receveur du commun trésor pendant la vacance de la Commanderie de Saint Jean-de-Latran, ayant pris le fait & cause dudit Jannart, & lesdits Maîtres & Gardes des six Corps des Marchands de Paris demeurera pour reprise par ledit sieur de la Breteche, Commandeur de la Commanderie de Saint Jean-de-Latran, tant en son nom que comme prenant le fait & cause dudit Jannart, en laquelle Instance ledit sieur de Fleurigny audit nom demeurera partie pour l'Ordre de Malthe au Grand Prieuré de France, pour en jugeant ladite Instance être ordonné & fait droit à toutes les parties, ainsi que de raison, au bas duquel est la signification du 6 Septembre 1694, aux Avocats des Parties. Acte signifié ledit jour 6 Septembre 1694, à la requête des Demandeurs, portant sommation aux Avocats des Parties, de satisfaire de leur part à tous les réglemens de l'Instance, sinon qu'ils en demeureront forclos, & qu'ils poursuivront le jugement de l'Instance, sur ce qui se trouvera écrit, & produit pardevers le sieur

Rouillé Rapporteur de ladite Instance. Copie d'un acte signifié le 25 Novembre 1694, à la requête de l'Avocat desdits Défendeurs, par lequel il déclare que le sieur de la Breteche est décédé, protestant de nullité de tout ce qui seroit fait au préjudice de ladite déclaration. Acte signifié à la requête des Demandeurs le 26 dudit mois de Novembre 1694, servant de réponse au précédent, qu'attendu que l'Instance est en état, ils poursuivront le jugement, nonobstant ladite déclaration. Procès-verbal du sieur Rapporteur de l'Instance du 4 Décembre 1694, par lequel il est ordonné que ladite Instance d'entre les Parties, demeurera pour reprise avec ledit sieur de Fleurigny audit nom, sur laquelle les Parties procéderont suivant les derniers erremens, au bas duquel est la signification du 6 Décembre aux Avocats des Parties. Acte signifié à la requête desdits Demandeurs le même jour, portant sommation de satisfaire aux Réglemens à peine de forclusion. Requête dudit sieur de Fleurigny audit nom de Receveur du commun trésor, comme ayant repris ladite Instance au lieu dudit feu sieur de la Bretesche, à ce qu'il lui fût donné acte de ce que pour réponses & salvations à la requête des six Corps des Marchands du 24 Mars 1694, & pour contredits aux six piéces y jointes, il employe le contenu en ladite requête avec ce qu'il a écrit & produit en l'Instance ; ce faisant adjuger audit Ordre ses fins & conclusions, au bas de laquelle est l'Ordonnance & la signification des 6 & 7 Décembre 1694, & tout ce qui a été mis, écrit & produit par devers le sieur Rouillé Conseiller du Roi en ses Conseils, Maître des Requêtes ordinaire de son Hôtel, Commissaire à ce député. OUI son rapport, après en avoir communiqué aux sieurs Dargouges, Rouillé, Ribeyre, l'Abbé le Pelletier & Chauvelin, Conseillers d'Etat : Et tout considéré.

LE ROI EN SON CONSEIL, faisant droit sur le tout, sans s'arrêter à l'Arrêt du Grand-Conseil du 28 Septembre 1691, a déclaré & declare la saisie faite sur ledit Jannart le 25 Septembre 1691 bonne & valable ; ce faisant ordonne que les marchandises saisies demeureront confisquées, défenses audit Jannart & tous autres de vendre aucunes marchandises de Mercerie, ni autres marchandises concernant les professions des six Corps des Marchands de la Ville & Fauxbourgs de Paris, s'ils ne sont reçus dans leurs Corps, à peine de confiscation des marchandises & des dommages & intérêts ; Déclare Sa Majesté l'Arrêt du Conseil du cinq Octobre mil six cens quatre-vingt-onze commun avec les Intervenans, & conformément à icelui, fait défenses à tous Juges de prononcer aucunes condamnations par corps contre les Maîtres & Gardes des six Corps des Marchands de Paris pour la représentation & restitution des marchandises qu'ils auront saisies dans leurs visites, & à tous Huissiers & autres personnes de les y contraindre, sauf à prononcer & faire exécuter lesdites contraintes par corps, contre les Concierges de leurs Bureaux, Dépositaires des marchandises saisies : condamne ledit Jannart, ensemble ledit sieur de Fleurigny audit nom, en en tous les dépens desdites Instances & Intervention. FAIT au Conseil privé du Roi ; tenu à Paris le vingt-quatriéme jour de Décembre mil six cens quatre-vingt-quatorze. Signé par collation, PECQUOT, avec paraphe.

Le quatorziéme jour de Janvier mil six cens quatre-vingt-quinze, signifié baillé copie à Maîtres Jouet & Guyenet Avocats des Parties adverses, en leurs domiciles à Paris, parlant à leurs Clercs, par nous Huissier ordinaire du Roi en ses Conseils. Signé, DE SEIGNEROLLE, avec paraphe.

DECLARATION DU ROI,

QUI supprime les Charges de Controlleurs des Poids & Mesures, & de Greffiers des Enregistremens des Brevets d'Apprentissage en faveur des Six Corps des Marchands de la Ville de Paris.

16 Mars 1706.

LOUIS, par la Grace de Dieu, Roi de France & de Navarre : A tous ceux qui ces présentes Lettres verront, SALUT. Par notre Edit du mois de Janvier 1704, Nous avons créé des Controlleurs-Visiteurs des poids & mesures dans toutes les Villes de notre Royaume, & Nous leur avons attribué des droits fixés par le tarif arrêté en notre Conseil le 15 du même mois, & par autre notre Edit du mois d'Août suivant, Nous avons créé des Greffiers des enregistremens des Brevets d'apprentissage & autres actes des Communautés d'arts & métiers, auxquels Nous avons pareillement attribué des droits par le tarif attaché sous le contrescel dudit Edit, & les gages y mentionnés ; mais depuis Nous avons cru que l'établissement de ces offices pouvant être contraire en quelque maniere à la liberté du commerce, il seroit beaucoup plus avantageux aux six Corps des Marchands de notre bonne Ville de Paris, de supprimer lesdits offices de Controlleurs-Visiteurs des poids & mesures, & des Greffiers d'Enregistrement des brevets d'apprentissage, en nous payant par eux la somme à laquelle il Nous plairoit réduire la finance desdits offices, au moyen de quoi Nous leur abandonnerons la jouissance des droits attribués auxdits offices, suivant les tarifs arrêtés en notre Conseil, pour être perçus par les Maîtres & Gardes des six Corps des Marchands chacun à leur égard. A CES CAUSES & autres à ce Nous mouvans, de notre certaine, science pleine puissance & autorité Royale, Nous avons par ces présentes signées de notre main, supprimé & supprimons lesdits offices de Controlleurs-Visiteurs des poids & mesures, & ceux des Greffiers d'enregistrement des brevets d'apprentissage, & autres actes des six Corps des Marchands de notre bonne Ville & Fauxbourgs de Paris, sans pouvoir être créés à l'avenir pour quelque cause & sous quelque prétexte que ce soit, & Nous avons réuni & réunissons par ces présentes auxdits six Corps des Marchands, les droits attribués auxdits offices par lesdits Edits, & fixés par les tarifs arrêtés en conséquence en notre Conseil, pour être lesdits droits levés à leur profit, à commencer du 1. Janvier de la présente année 1706, au payement desquels droits de poids & mesures, & de ceux de visite attribués par chacun an aux six Corps par nos Edits & Déclarations, Voulons que chaque Marchand & Veuves soient contraints comme pour nos propres deniers & affaires, attendu leur destination. Permettons auxdits six Corps d'en faire exercer les fonctions, & en percevoir les droits, *en vertu des Présentes dans ladite Ville, Fauxbourgs & lieux privilégiés de ladite Ville & Fauxbourgs de Paris, dans lesquels lieux privilégiés, Voulons qu'il ne se puisse établir aucune personne faisant commerce des Marchandises des six Corps ou de l'un d'eux, qu'il n'ait été reçu Marchand dans l'un desdits six Corps, conformément à l'Arrêt de notre Conseil du* 24 *Décembre* 1694, à l'effet de quoi permettons aux Maîtres & Gardes desdits six Corps d'y faire leur visite; & enjoignons au sieur d'Argenson, Maître des Requêtes, & Lieutenant-Général de Police, d'y tenir la main. Voulons que lesdits six Corps ne puissent être ci-après poursuivis ni recherchés sous quelque prétexte que ce soit, à cause de la réunion desdits droits, ni être taxés pour confirmation; & en considération de la suppression desdits offices & réunion desdits droits aux six Corps desdits Marchands, Ordonnons qu'ils seront tenus de Nous payer en six termes égaux, de trois mois en trois mois, le premier écheant au premier Mai prochain, la somme de cinq cens mille livres, & les deux sols pour livre, moitié ès mains d'Elie Biest par Nous chargé de la vente desdits offices de Controlleurs & Visiteurs des poids & mesures, & l'autre moitié ès mains de Nicolas Cartier, par Nous chargé de la vente de ceux de Greffiers d'enregistrement des brevets d'apprentissage & autres actes; sçavoir les principaux sur les quittances du Trésorier de nos revenus casuels, & les deux sols pour livre sur celles desdits Biest & Cartier, & ce suivant la répartition qui en sera faite entre lesdits six Corps des Marchands, en conformité de pareille finance qu'il Nous ont ci-devant payée en exécution de notre Déclaration du mois d'Avril 1703, pour les offices de Trésoriers de bourse commune; jouiront lesdits six Corps des Marchands, au moyen du payement qu'ils Nous feront de ladite somme de cinq cens mille livres, & des deux sols pour livre, de quinze mille livres de gages effectifs que Nous avons attribués auxdits offices de Greffiers des enregistremens des brevets d'apprentissage, & autres actes dont l'emploi sera fait dans les états de nos Gabelles, à commencer la jouissance du 1. Janvier dernier, lesquels gages leur seront payés par chacun an, en deux payemens de six mois en six mois, sur les simples quittances des Maîtres & Gardes desdits six Corps, & à proportion de ladite répartition, sans que pour ce ils soient tenus de prendre de Nous aucunes Lettres que les Présentes. Voulons aussi que les vingt mille neuf cens cinquante-neuf livres douze sols d'une part, & quinze mille livres d'autres gages, dont jouissent lesdits six Corps des Marchands, à cause de la réunion à leursdits Corps des offices d'Auditeurs Examinateurs des Comptes & de Trésoriers de bourse commune, soient pareillement employés dans lesdits états des Gabelles, conjointement avec les quinze mille liv. de gages ci-dessus, qu'à cet effet lesdits vingt mille neuf cens cinquante-neuf livres douze sols d'une part, & quinze mille livres d'autres gages attribués ausdits offices d'Auditeurs & de Trésoriers de bourse commune, soient retranchés des états de la recette générale de nos Finances de la Généralité de Paris, à commencer en la présente année; leur permettons d'emprunter jusqu'à la somme de six cens mille livres, tant pour le payement de ladite somme de cinq cens mille livres, & de cinquante mille livres pour les deux sols pour livre, que pour fournir aux frais nécessaires pour lesdits emprunts, de laquelle somme de cinquante mille livres pour les frais, la répartition sera faite sur le pied de la répartition ordinaire entre les six Corps, & conformément à ce qui s'est pratiqué pour le payement de la finance qu'ils nous ont payée, à cause de la réunion des charges de Trésoriers: pour sûreté desquels emprunts il leur sera loisible d'affecter & hypothéquer par privilége lesdites quinze mille livres de gages attribués auxdits offices de Greffiers d'enregistremens des brevets d'apprentissage, ensemble les droits y attribués, & ceux des poids & mesures. Ordonnons que lesdits six Corps des Marchands demeureront déchargés en général & en particulier, tant des sommes portées par les rolles que Nous avions fait arrêter en notre Conseil, en exécution de l'Arrêt de notre Conseil du 28 Octobre 1704, & de notre Déclaration du 19 Mai 1705, qui avoient réuni lesdits offices aux six Corps des Marchands, que de tout ce qui peut être dû des droits attribués aux Controlleurs-Visiteurs des poids & mesures, & aux Greffiers des enregistremens pendant les années 1704 & 1705. Faisons défenses auxdits Bieft & Cartier de faire aucunes poursuites contr'eux pour le payement de ce qui peut être dû desdits droits, même pour les frais des garnisons par eux établies en conséquence desdits rolles, dont Nous déchargeons pareillement lesdits six Corps des Marchands. Voulons que pour faciliter le payement de ladite somme de cinq cens cinquante mille livres, lesdits Bieft & Cartier soient tenus de prendre en payement sur le second desdits six payemens, les quittances des Maîtres & Gardes desdits six Corps, des gages à eux dûs & échus jusqu'au dernier Décembre dernier, tant desdits offices d'Auditeurs, que ceux de Trésoriers de la bourse commune, & les gages qui écheront à l'avenir, tant desdits offices d'Auditeurs & de Trésoriers, que de ceux de Greffiers d'enregistremens jusqu'au parfait payement de ladite somme de cinq cens cinquante mille livres. Ordonnons qu'en cas qu'aucuns desdits six Corps ne trouvent pas à emprunter les sommes dont ils seront contribuables en celle ci-dessus de cinq cens cinquante mille livres, il sera arrêté par les Maîtres & Gardes de chacun desdits ſix Corps, des rolles de ce que chaque Particulier en devra payer, leſquels ſeront viſés par ledit ſieur d'Argenſon, & exécutés par proviſion, nonobſtant oppoſitions ou appellations quelconques, & il ſera paſſé par les Maîtres & Gardes de chacun Corps, des Contrats de conſtitution de rente au profit deſdits Particuliers, pour les ſommes qu'ils auront payées par forme de prêt, & au moyen de la ſuppreſſion deſdits offices de Controlleurs-Viſiteurs des poids & meſures, leſdits ſix Corps des Marchands auront à l'avenir la liberté d'uſer de tels poids qu'il conviendra à leur commerce, même au-deſſus de vingt-cinq livres, & demeureront déchargés de la redevance annuelle qu'ils payoient ci-devant au Fermier de notre droit du poids le Roi. Permettons aux Maîtres & Gardes des Marchands Drapiers de notredite Ville, de recevoir à l'avenir de chaque Particulier qui entrera en apprentiſſage, la ſomme de trois cens livres, & pour le droit de réception de chaque fils de Marchand qui n'aura pas paſſé par les charges, la ſomme de deux mille livres; & pour la réception de ceux qui ſeront reçus Marchands par apprentiſſage la ſomme de trois mille livres. Voulons que la ſomme dont les Marchands Epiciers, & Apoticaires-Epiciers ſeront contribuables en celle de cinq cens mille livres ci-deſſus, & les deux ſols pour livre, ſoit payée en commun par leſdits Marchands Epiciers & Apoticaires-Epiciers, & même que les arrérages des ſommes qu'ils emprunteront à cet effet, ſoient auſſi payés en commun, enſemble les frais pour raiſon deſdits emprunts ſur leur part deſdits quinze mille livres de gages, & ſur les droits attribués auxdits offices de Controlleurs des poids & meſures, & de Greffiers des enregiſtremens dont ils jouiront, deſquels droits la recette ſera faite alternativement par un Garde-Marchand Epicier, & par un Garde-Marchand Apoticaire-Epicier, qui en rendront compte tous les ans à leurs Corps en la maniere accoutumée. Leur permettons après que la ſomme dont ils ſont contribuables Nous aura été entiérement payée, d'emprunter celle de trente mille livres, pour rembourſer leurs Receveurs des ſommes dont ils ſont en avance, & d'affecter & hypothéquer au rembourſement deſdits trente mille livres, la ſomme de quinze cens livres, que les deux Gardes deſdits Marchands, Epiciers & Apoticaires-Epiciers qui entrent chaque année en charge, doivent payer chacun par moitié, & ce juſqu'au parfait rembourſement. Permettons auxdits Marchands Epiciers de vendre au poids, & non à la meſure toutes ſortes d'huiles, depuis quatre onces juſqu'à vingt-cinq livres, & au-deſſus; comme auſſi aux Maîtres & Gardes des Marchands Merciers, outre & par deſſus les anciens droits, de percevoir la ſomme de vingt livres pour chaque brevet d'apprentiſſage, & pareille ſomme pour le droit d'enregiſtrement de la petite Lettre. Plus, pareille ſomme de vingt livres pour chaque Récipiendaire à la maîtriſe, pour l'enregiſtrement de ſa préſentation, & pareille ſomme de vingt livres pour l'enregiſtrement des certificats de ſon ſervice, & autant pour l'enregiſtrement de la Lettre de Marchand; & en interprétant notre déclaration du mois d'Avril 1703, leur permettons aussi de recevoir par chacun an dix Marchands sans qualité; & permettons pareillement aux Maîtres & Gardes des Marchands Pelletiers, de se faire payer de la somme de vingt-six liv. par chacun an, sur chaque Maître de leur Corps, au lieu de vingt livres qu'ils perçoivent actuellement, comme aussi de percevoir d'augmentation huit livres pour l'enregistrement des brevets d'apprentissage, & vingt livres pour l'enregistrement des réceptions des Marchands. Permettons aussi aux Maîtres & Gardes de Marchands Bonnetiers de lever deux sols au lieu d'un sol sur chaque douzaine de marchandises de Bonneterie, entrant en notredite Ville & Fauxbourgs, en la même forme & maniere qu'ils ont perçu jusqu'à présent le sol dont ils jouissent actuellement; comme aussi de lever sur chacun d'eux par chacun an, la somme de trois livres, ensemble les droits des Greffiers des enregistremens outre & par-dessus ceux qui se levoient auparavant. Permettons aussi aux Marchands Orfévres de recevoir par chacun an deux Maîtres sans qualité; outre les trois cens, à quoi Nous avons fixé leur nombre par notre Réglement de l'année 1679. Voulons en cas de contestation, sur l'exécution de notre présente Déclaration, que les Parties soient tenues de procéder pardevant ledit sieur d'Argenson, auquel Nous en avons attribué la connoissance, & ce qui sera par lui ordonné, exécuté par provision, sauf l'appel en notre Parlement de Paris, & icelle interdisons à tous autres Juges. SI DONNONS EN MANDEMENT à nos amés & féaux Conseillers, les Gens tenans notre Cour de Parlement, & Cour des Monnoies à Paris, que ces Présentes ils ayent à faire lire, publier & enregistrer, & le contenu en icelles, garder & observer selon leur forme & teneur, nonobstant tous Edits, Déclarations, Arrêts & autres choses à ce contraires, auxquels Nous avons dérogé & derogeons par ces Présentes aux copies desquelles collationnées par l'un de nos amés & féaux Conseillers-Secrétaires; Voulons que foi soit ajoutée comme à l'original: CAR tel est notre plaisir; En témoin de quoi Nous avons fait mettre notre scel à cesdites Présentes. DONNÉ à Versailles le seiziéme jour de Mars, l'an de grace mil sept cens six, & de notre regne le soixante-troisieme. Signé, LOUIS; Et plus bas, Par le Roi, PHELIPPEAUX. Vû au Conseil, CHAMILLART. Et scellé du grand Sceau de cire jaune.

REGISTRE'ES, Oui, & ce requerant le Procureur-Général du Roi, pour être exécutées selon leur forme & teneur, suivant l'Arrêt de ce jour. A Paris en Parlement, le onziéme Mai mil sept cens six. Signé, DONGOIS.

ARREST DU CONSEIL & *autres Pièces en conséquence de la Déclaration ci-dessus.*

15 Juin 1706.

LE ROI ayant par sa Déclaration du 16 Mars 1706, registrée au Parlement le 11 Mai suivant, supprimé en faveur des six Corps des Marchands de Paris, les offices de Controlleurs des poids & mesures, & de Greffiers des enregistremens des brevets d'apprentissages, & autres actes, créés par ses Edits des mois de Janvier & Août 1704, & réuni auxdits six Corps, tant les droits y mentionnés, que les gages attribués auxdits offices de Greffiers des enregistremens, à condition de payer par eux à Sa Majesté la somme de cinq cens mille livres, & les deux sols pour livre : Sa Majesté, pour leur en faciliter le payement, leur a permis par la même Déclaration, d'emprunter cette somme de cinq cens cinquante mille livres, & cinquante mille livres pour les frais, & d'affecter & hypotéquer par privilége les quinze mille livres de gages attribués auxdits offices de Greffiers des enregistremens, & autres droits. Et Sa Majesté ayant été informée, que sous prétexte que cette Déclaration ne porte point qu'il seroit fait mention dans les quittances de Finance qui leur seront délivrées par le Trésorier des revenus casuels, & par les Traitans des emprunts qu'ils seront obligés de faire par contrats ou obligations pour l'acquit desdites cinq cens cinquante mille livres de principal, & deux sols pour livre, afin d'opérer en faveur des prêteurs le Privilége accordé par cette Déclaration, sur les gages & droits y mentionnés, ils n'ont trouvé jusqu'à présent aucun denier à emprunter, & se voyent dans la nécessité d'en prendre sur la place à gros intérêts, par billets qu'ils seront tenus de renouveller jusqu'à ce qu'ils les puissent acquitter par des emprunts à constitution ou obligation, à quoi étant nécessaire de pourvoir : OUI le rapport du sieur Chamillart Conseiller ordinaire au Conseil Royal, Controlleur Général des Finances. SA MAJESTÉ EN SON CONSEIL, a ordonné & ordonne, que sa Déclaration du 16 Mars 1706, sera exécutée selon sa forme & teneur ; & en conséquence, que le Trésorier des revenus casuels, Elie Biest, & Nicolas Cartier, chargés par Sa Majesté de la vente desdits offices de Controlleurs des poids & mesures, & de Greffiers d'enregistremens de brevets, seront tenus de faire dans les Quittances qu'ils délivreront aux six Corps des Marchands, de ce que chacun d'eux payera desdits cinq cens mille livres de principal, & de cinquante mille livres pour les deux sols pour livre, mention des sommes qu'ils auront empruntées par constitutions ou obligations : Et en conséquence, Veut Sa Majesté que les Prêteurs, jusqu'à concurrence des six cens mille livres qu'Elle a permis auxdits six Corps des Marchands d'emprunter, ayent hypothéque

& privilége sur les gages & droits attribués par sadite Déclaration, en vertu d'icelle & du présent Arrêt, qui sera exécuté nonobstant oppositions ou appellations quelconques, dont si aucuns interviennent, Sa Majesté s'en réserve la connoissance, & icelle interdit à toutes ses Cours & Juges. FAIT au Conseil d'Etat du Roi, tenu à Marly le quinziéme Juin mil sept cens six. Collationné. Signé, DUJARDIN.

Quittance de Finance pour les poids & mesures.

J'AI reçu du Corps des Marchands Drapiers de la Ville & Fauxbourgs de Paris, par les mains des sieurs André de Saint Jean, Jacques Musnier Grands Gardes, Pierre Leleu, Marc-Clément Bucher, Etienne Rollin, & Philippe Chenavas Gardes en charges dudit Corps la somme de trente-six mille huit cens soixante-neuf livres pour la finance des offices de Controlleurs, Visiteurs des poids & mesures créés par Edit du mois de Janvier 1704, lesquels sont & demeureront supprimés à leur égard, sans pouvoir être créés à l'avenir pour quelque cause & prétexte que ce soit, & les droits attribués auxdits offices par le Tarif arrêté au Conseil le 15 dudit mois de Janvier, réunis, & appartiendront auxdits Marchands Drapiers, pour être levés à leur profit, à commencer du 1. Janvier 1706, & payés par chacun an par chaque Marchand & Veuve, à l'effet de quoi il leur est permis d'en faire exercer les fonctions dans ladite Ville, Fauxbourgs & lieux privilégiés, sans qu'ils puissent être ci-après poursuivis ni recherchés sous quelque prétexte que ce soit, à cause de la réunion desdits droits, ni être taxés pour confirmation, lesquels Marchands Drapiers auront à l'avenir la liberté d'user de tels poids qu'il conviendra à leur commerce même au-dessus de vingt-cinq livres, & demeurer déchargés de la redevance annuelle, qu'ils payoient ci-devant au Fermier du droit du poids le Roi, le tout suivant & ainsi qu'il est plus au long porté par la Déclaration du Roi du 16 Mars 1706, & m'ont lesdits sieurs Gardes déclaré que ladite somme de trente-six mille huit cens soixante-neuf livres provient & fait partie de celle de quatre-vingt-huit mille quatre cens vingt-cinq livres douze sols par eux & leurs Prédécesseurs auxdites charges de Gardes empruntées des ci-après nommés, tant pour le payement de ladite finance que de pareille somme de trente-six mille huit cens soixante-neuf livres qu'ils étoient obligés de payer pour la suppression des offices de Greffiers des enregistremens de brevets d'apprentissage & autres actes créés par Edit du mois d'Août 1704, & attribution des gages & droits portés par la Déclaration du 16 Mars 1706 douze sols, pour livres desdites finances & frais des emprunts : Sçavoir, de Claude Notrelle mil livres par Contrat du 22 Juin 1706, passé devant Mortier & son Confrere Notaires, de Messire Louis le Boulanger dix mille liv. de Regnault vingt mille liv. par Contrat du 31 Août 1706, passé devant de Lambon & son Confrere Notaires, de Jean-Baptiste Forne six mille livres, par Contrat passé devant Valet & son confrere Notaires le 19 Octobre 1706, de Catherine Brochant, Veuve de Noël Tirmois quatre mille livres, par Contrat passé devant Balin & son Confrere Notaires le 12 Novembre audit an, d'Antoine Dupuy deux mille livres, de Marguerin-François Brion seize mille livres, par contrat des 18 & dernier Décembre 1706, de Damoiselle Nicole Moreau douze cens liv. d'Elisabeth Nego veuve Charles Guillery trois mille livres, de Dame Marie Jolivet, veuve de François Fourcroy mille livres, par contrats des 24 Mars 12 & 30 Août 1707, de Jacques Cadeau Secrétaire du Roi deux mille livres, de Jacques-Noël Salmon mille livres, par contrat du 2 Septembre 1307, de Toussaint Maréchal mille livres, par contrat du 17 Janvier 1708, tous lesdits contrats passés devant ledit Mortier & ses confreres Notaires à Paris, & de Victor Perceval vingt mille deux cens quatre-vingt-cinq livres douze sols, par obligation passée devant de Saint Jean & son Confrere Notaires à Paris le 30 Mars 1708. au desir de tous lesquels contrats & obligation, lesdits sieurs Gardes font lesdites Déclarations, afin que lesdits Prêteurs soient conservés au privilége & hypoteque accordés par ladite Déclaration du 16 Mars 1706. & Arrêt du Conseil du 15 Juin audit an, jusqu'à concurrence de ladite somme de quatre-vingt-huit mille quatre cens quatre-vingt-cinq livres douze sols. FAIT à Paris le onziéme jour de Juin mil sept cens neuf. *Et plus bas est écrit :* Quittance du Trésorier des revenus casuels de la somme de trente-six mille huit cens soixante-neuf livres. Signé BERTIN. *Et au dos est écrit :* Enregistré au controlle général des Finances, par nous Ecuyer Conseiller du Roi, Garde des Registre du controlle général des Finances commis par Monseigneur Desmarets, Conseiller ordinaire du Roi en tous ses Conseils & au Conseil Royal, Controlleur Général des Finances à Paris le vingt-huitiéme jour de Mars 1710. Signé, SOUBEYRAN.

Quittance des deux sols pour livre.

JE soussigné Elie Biest, commis par Arrêt du Conseil du 15 Janvier 1704, pour faire la vente des offices de Controlleurs, Visiteurs des poids & mesures créés par Edit du même mois de Janvier, reconnois avoir reçu du Corps des Marchands Drapiers de la Ville & Fauxbourgs de Paris, par les mains des sieurs André de Saint-Jean, Jacques Musnier, Grands Gardes, Pierre Leleu, Marc-Clément Bucher, Etienne Rollin, & Philippe Chanavas, Gardes en charge dudit Corps, la somme de trois mille six cens quatre-vingt-six livres dix-huit sols pour les deux sols pour livre de celle de trente-six mille huit cens soixante-neuf liv. portée en la quittance de M. Bertin, Trésorier des revenus casuels du Roi, expédiée ce jourd'hui à leur profit pour la finance desdits offices de Controlleurs, Visiteurs des poids & mesures, ordonné être par eux payée, pour être déchargés des fonctions d'iceux, & de la redevance qui leur est attribuée; lesdits deux sols pour livre ordonnés être payés par ledit Edit, dont quittance; & m'a été déclaré que ladite somme provient & fait partie de celles qu'ils ont empruntés des dénommés en ladite quittance de Finance. FAIT à Paris, le onziéme jour de Juin 1709.

Signé,

Signé, BIEST, avec paraphe; Et plus bas, Quittance de la somme de trois mille six cens quatre-vingt-six livres dix-huit sols.

Quittance de finance pour les Greffes d'enregistremens.

J'AI reçu des Maîtres & Gardes des Corps des Marchands Drapiers de la Ville & Fauxbourgs de Paris, des deniers par eux empruntés des ci-après nommés: Sçavoir de Claude Noterelle par contrat du 22 Juin 1706, du sieur Renault par contrat du 30 Août audit an, de Messire Louis le Boulanger, par contrat du 31 dudit mois d'Août, de Jean-Baptiste Forne, par contrat du 19 Octobre audit an, de Catherine Brochand veuve de Noël Tirmois, par contrat du 12 Novembre audit an; d'Antoine Dupuis, & Marguerin-François Brion, par contrats des 18 & dernier Décembre audit an, de Damoiselle Nicole Moreau, d'Elizabeth Nego, veuve de Charles Guillery, de Dame Marie Jolivet veuve de François Fourcroy, par contrats des 24 Mars, 12 & 30 Août 1707; de Jacques Cadot, Conseiller Secrétaire du Roi; de Jacques-Noël Salmon par contrats du 2 Septembre audit an, de Toussaint Maréchal par contrat du 17 Janvier 1708, & de Victor Perceval, par obligation du 30 Mars audit an: tous lesquels contrats & obligations passés pardevant Notaires au Châtelet de Paris, la somme de trente-six mille huit cens soixante-neuf livres pour la finance des offices de Greffiers héréditaires, où il y a maîtrise ou jurande des enregistremens de brevets d'apprentissage, certificats contenant que les apprentifs ont servi le tems prescrit pour faire leurs apprentissages, consentemens que donnent les Jurés pour la réception à la maîtrise; élections des Jurés, Syndics & autres Officiers, & réceptions d'iceux créés par Edit du mois d'Aout 1704, enregistré où besoin a été, aux gages, droits & priviléges mentionnés dans ledit Edit & Déclaration du 19 Mai 1705, réuni par ladite Déclaration audit Corps & Communauté des Marchands Drapiers, pour par eux jouir dudit office, & le faire exercer par qui, & ainsi qu'ils aviseront bon être, & jouir de deux mille deux cens douze livres de gages, faisant partie des soixante mille livres de gages attribués auxdits offices par ledit Edit, dont l'emploi sera fait dans l'état des Gabelles, suivant la Déclaration du 16 Mars 1706, sans que ledit Corps puisse être ci-après poursuivi ni recherché sous tel prétexte que ce soit à cause de la réunion, ni être taxés pour confirmation, le tout ainsi qu'il est plus au long porté par lesdits Edits & Déclarations. FAIT à Paris, ce 1 jour d'Août 1709; Et plus bas, Quittance du Trésorier des revenus casuels, pour la réunion de l'office des Greffiers des enregistremens de brevets d'apprentissage, & autres actes, de la somme de trente-six mille huit cens soixante-neuf livres. Signé, BERTIN; *Et au dos est écrit:* Enregistré au controlle général des Finances, par nous Conseiller Sécretaire du Roi, Garde des Registres du controlle général des Finances, commis par Monseigneur Desmarets, Conseiller ordinaire du Roi en tous ses Conseils & au Conseil Royal, Controlleur-Général des Finances. A Paris, ce quatriéme jour de Janvier 1710. Signé, PERROTIN.

J'AI soussigné Simon Miger subrogé par Arrêt du Conseil du 10 Août 1706, au lieu & place de Nicolas Cartier pour l'exécution de l'Edit du mois d'Août 1704, registrée où besoin a été, portant création des offices de Greffiers héréditaires, où il y a maîtrise & jurande des enregistremens des brevets d'apprentissages, certificats, contenant que les apprentifs ont servi le tems prescrit pour faire leurs apprentissages, consentemens que donnent les Gardes & Jurés pour la réception à la maîtrise, élections des Gardes Jurés, Syndics & autres Officiers & réceptions d'iceux. Reconnois avoir reçu du Corps des Marchands Drapiers de la Ville & Fauxbourgs de Paris, par les mains des sieurs André de Saint-Jean, Jacques Musnier Grands-Gardes, Pierre Leleu, Marc-Clément Bucher, Etienne Rollin, & Philippe Chenavas Grands Gardes en charges, la somme de trois mille six cens quatre-vingt-six livres dix-huit sols, pour les deux sols pour livres de celle de trente-six mille huit cens soixante neuf livres à laquelle ils ont été taxés par le rolle arrêté au Conseil le 9 Juillet 1709, à cause de la suppression desdits offices, & réunion des droits y attribués, par la Déclaration du Roi, du 16 Mars 1706. Déclarant lesdits sieurs Gardes que ladite somme de trois mille six cens quatre-vingt-six livres dix huit sols, provient & fait partie de celle de quatre-vingt-huit mille quatre cens vingt-cinq liv. douze sols par eux empruntée des personnes nommées dans la Quittance de finance, expédiée par M. Bertin Trésorier des revenus casuels, en date du 1er. Août 1709, laquelle déclaration ils font en conformité de ladite Déclaration du Roi & Arrêt de son Conseil des 16 Mars & 15 Juin 1706, pour opérer en faveur des Prêteurs, le privilége & hypotéque porté par ladite déclaration. FAIT à Paris, ce 1er. Septembre mil sept cens neuf. Signé, MIGER.

DU Registre des Délibérations de Messieurs les Anciens du Corps des Marchands Drapiers de cette Ville de Paris, a été extrait ce qui suit :

DU Vendredi trente & dernier Avril 1706, deux heures de relevée, Messieurs les anciens Grands-Gardes & Gardes, ayant été convoqués & assemblés, Messieurs les Gardes ont dit que Monseigneur d'Armenonville, Directeur des Finances, ayant fait l'honneur aux six Corps de leur communiquer dès le mois de Février dernier le projet de Déclaration qu'il leur avoit promis de faire dresser après qu'elle a été vue & apostillée au Conseil, portant suppression des offices de poids & mesures, & des Greffiers des enregistremens des brevets d'apprentissage & de réceptions de Marchands, créés par les Edits des mois de Janvier & Août 1764, & de réunion aux Corps des droits & gages y attribués, lesquels gages doivent être touchés par chacun an en deux payemens, avec ceux attribués aux offices d'Auditeurs & de Tréſoriers qui y ont été joints, ſur l'état de la Ferme générale des Gabelles, & de trouver bon qu'ils y fiſſent les obſervations qu'ils jugeroient néceſſaires pour l'utilité des ſix Corps en général, & de chacun d'eux en particulier : cette Déclaration qui doit porter, comme le Conſeil l'a arrêté, que les ſix Corps payeront la ſomme de cinq cens cinquante mille liv. compris les deux ſols pour livre en ſix payemens de 3 mois en 3 mois, dont le premier ſeroit au 1 Mai prochain, & dont la répartition ſe feroit en conformité de celle faite pour les offices de Tréſoriers, ainſi que de cinquante mille livres, que Sa Majeſté leur a permis d'emprunter pour fournir aux frais des emprunts, n'a point encore été regiſtrée en Parlement, àcauſe que par erreur après avoir été expédiée au Conſeil, au lieu d'être miſe dans la liaſſe des expéditions pour le Roi, qui ne payent aucuns droits, elle a été miſe dans celle des expéditions ordinaires, & taxée pour le ſceau à quatorze cens cinquante livres, ce qui a été réformé après que les ſix Corps en ont fait les ſollicitations pendant près de deux mois, de ſorte que le Corps ſe trouve obligé de payer desdits cinq cens cinquante mille livres la ſomme de quatre-vingt-un mille cens onze livres ſeize ſols; & comme il n'a aucuns deniers pour y ſatisfaire, ils requéroient la compagnie d'aviſer & délibérer ſur les moyens les plus prompts de ſatisfaire, pour éviter des garniſons en leurs maiſons & les grands frais qu'ils en ſouffriroient, dont ils ont été ménacés par pluſieurs avertiſſemens. A quoi ils ajoutent que ſur les remontrances faites & pluſieurs fois réitérées, dans l'impoſſibilité dans laquelle ſont les Corps de trouver aucuns deniers à emprunter par conſtitution ni autrement, attendu les groſſes finances qu'ils ont payés, & dont ils ſont débiteurs, pour tâcher d'être déchargés du payement de cette finance, & en obtenir une plus grande modération, le Conſeil bien perſuadé de cette vérité, a fait inſérer dans cette Déclaration, qu'à faute de trouver à emprunter, la répartition ſeroit faite dans chaque Corps de la ſomme dont il ſe trouvera chargé, ſur ceux de leurs Confreres, que les Gardes jugeront le plus en état d'y contribuer, & qu'au payement deſdites contributions, dont leur ſeroit paſſé des contrats par forme d'emprunt, ils y ſeroient contraints, comme pour les propres deniers & affaires de Sa Majeſté, pour être payés des arrérages des conſtitutions ſur le produit des droits & gages accordés par cette Déclaration; & comme il ſeroit très-fâcheux d'être dans la néceſſité de ſe ſervir de cette voie forcée, & que le premier payement qui eſt à faire eſt inſtant, ils prient la compagnie d'y faire de ſérieuſes réfléxions, & y pourvoir. Surquoi le fait mis en délibération, & les ſuffrages recueillis, il a été arrêté tout d'une commune voix, que la compagnie donne pouvoir à Meſſieurs les Gardes d'emprunter, tant des ſujets du Corps que de tous autres qu'ils pourront trouver ladite finance par conſtitutions ou autrement, & d'en paſſer tous contrats & actes néceſſaires par Meſſieurs les Gardes & autres qui leur ſuccéderont eſdites charges, y obliger ſpécialement & par privilege les gages & droits attribués, & généralement tous les biens dudit Corps, & au ſujet deſdits emprunts donner toutes gratifications néceſſaires, & généralement faire à ce ſujet par leſdits Srs Gardes tout ce qu'il appartiendra, & promettant l'avoir pour agréable. Signés, Galois pere, Lelarge, Poncet, Dubois, Muſnier, Caron, Pericard, Deſplaſſes, Guillemet, Leger, Poncet, Yon, Gelain, Deſere, Paignon, Doyrieu, Nau, Devin, Galois, Herbaud, Deparis, de Roſnel, A. le Couteulx & Langlois. *Et plus bas eſt écrit :* extrait & collationné par les Conſeillers du Roi, Notaires à Paris ſouſſignés, le 18 Juin 1706, ſur ledit Regiſtre des Délibérations deſdits ſieurs anciens du Corps de la Draperie, repréſentés par leſdits ſieurs Pierre Langlois, Armand-Jean le Couteulx, Antoine du Vailly, Paul de Roſnel, Julien de Paris, Etienne Herbaut Marchand Drapiers Maîtres & Gardes dudit Corps à ce préſens, qui ont certifié que ladite délibération eſt véritable, & ont requis Ballin l'un des Notaires ſouſſignés, de garder ces Préſentes, & les mettre au rang de ces minutes de ce jour, pour en délivrer les expéditions néceſſaires, & faire mention ſur icelles des emprunts qui ſeront faits en conſéquence par conſtitution & obligation. Ce fait, ledit Regiſtre remis ès mains deſdits ſieurs Maîtres & Gardes, & ont ſigné la minute des Préſentes demeurée en la garde & poſſeſſion de Ballin, l'un des Notaires ſouſſignés. Signés, MORTIER & BALLIN, Notaires.

ARREST DU CONSEIL D'ESTAT DU ROI,

QUI ordonne que toutes perſonnes, qui ont ou prétendent avoir dans la Ville & Fauxbourgs de Paris, des Droits de Juſtice ou de Police, des Priviléges ou Affranchiſſemens de Maîtriſes, Franchiſes, &c. ſeront tenus de repréſenter leurs titres de Conceſſion & de Confirmation, pardevant les Commiſſaires nommés par SA MAJESTÉ.

18 Novembre 1716.

LE ROI étant informé que dans la Ville & les Fauxbourgs de Paris, il s'eſt introduit divers abus, à l'occaſion des Priviléges & Franchiſes que les Rois ſes Prédéceſſeurs ont accordés : & qu'en vertu deſdites Franchiſes & Priviléges, non-ſeulement toutes ſortes d'Ouvriers exercent librement leurs arts, ſans être obligés de ſe faire recevoir Maîtres, mais auſſi que ces Ouvriers & les Seigneurs qui les protegent, ſemblent prétendre que les ouvrages qui ſe fabriquent dans les lieux privilégiés ou prétendus tels, ne ſont ſujets à aucunes viſites, ſoit de la part des Jurés des Communautés d'arts & métiers de Paris, ſoit de celle d'aucun Inſpecteur qui puiſſe en faire ſon rapport au ſieur Lieutenant-Général de Police, ſuivant l'eſprit de l'Edit du mois de Décembre 1678, qui réunit les maîtrises des Fauxbourgs à celles de la Ville, sans quoi il seroit à craindre que la réputation des ouvrages & des fabriques de Paris n'en souffrît un grand préjudice, & que les Maîtres de la Ville ne fussent réduits par l'exemple desdits Ouvriers à se dispenser de l'observation des Réglemens, pour vendre leurs ouvrages en concurrence; d'ailleurs Sa Majesté étant instruite que la plûpart des prétendus Priviléges, qui servent de prétextes à tous ces désordres, ont été étendus beaucoup au-delà des bornes qui leur étoient prescrites par les concessions originaires, a jugé qu'il n'étoit pas moins important pour la Police des arts, que nécessaire pour le soutien des manufactures, que tous les titres, en vertu desquels ces différentes Franchises ont été accordées, fussent rapportés pardevant des Commissaires de son Conseil, pour en examiner la validité, en connoître les abus, & proposer les moyens qu'ils estimeront convenables, pour empêcher qu'à la faveur de ces Privilèges, il ne se fasse impunément des ouvrages défectueux ou contraires aux Statuts des arts: A quoi Sa Majesté desirant pourvoir, Oui le rapport. LE ROI ETANT EN SON CONSEIL, de l'avis de M. le Duc d'Orléans Régent, a ordonné & ordonne, qu'à la diligence du sieur Vaultier Avocat en Parlement, que Sa Majesté a commis & commet pour son Procureur, toutes personnes qui ont ou prétendent avoir dans la Ville & Fauxbourgs de Paris, des Droits de Justice ou de Police, Priviléges ou affranchissemens de maîtrises, Franchises locales ou personnelles, perpétuelles ou pour un certain tems de l'année, & toutes autres exemptions qui concernent le commerce, les manufactures & les arts, seront tenus de représenter dans un mois, à compter du jour de la publication du présent Arrêt, leurs titres de concession & de confirmation, pardevant les sieurs Amelot, de Nointel, & d'Argenson, Conseillers d'Etat ordinaires, de Fieubet, Ferrand, de Machault, & Roujault Maîtres des Requêtes, que S. M. a nommés & députés pour en examiner la validité & les abus qui peuvent s'être introduits dans l'usage desdits Droits, Franchises ou Priviléges, contre les termes de leur concession; même proposer au Conseil les moyens qu'ils estimeront les plus convenables, pour rétablir ou maintenir parmi les Ouvriers, qui travaillent à la faveur de ces exemptions, l'observation des Réglemens généraux ou particuliers, ainsi que des Statuts concernant les arts, fabriques & manufactures de la Ville de Paris. A l'effet de quoi lesdits sieurs Commissaires entendront non-seulement les personnes à qui lesdits privilèges ont été concédés ou confirmés, & les Ouvriers qui travaillent à la faveur desdits Priviléges ou Franchises, mais aussi les Jurés de chaque Communauté des Maîtres de Paris, & même si besoin est, les Marchands qui font commerce desdits ouvrages, pour sur le tout donner leur avis à Sa Majesté, & par Elle être statué & ordonné ainsi qu'il appartiendra. FAIT au Conseil d'Etat du Roi, Sa Majesté y étant, tenu à Paris le vingt-huitieme jour de Novembre mil sept cens seize. Signé, PHELYPEAUX.

ARREST DU CONSEIL D'ETAT DU ROY,

Qui enjoint à tous Privilégiés de la Ville & Fauxbourgs de Paris, ou soi prétendans tels, de remettre dans quinzaine les titres sur lesquels ils se fondent, entre les mains du Sieur Simon Cailleau, Greffier des Commissions extraordinaires du Conseil.

9 Août 1717.

LE ROI s'étant fait représenter en son Conseil l'Arrêt du 28 Novembre 1716, par lequel pour les causes y contenues, Sa Majesté auroit ordonné qu'à la diligence du sieur Vaultier Avocat en Parlement, qu'Elle auroit commis pour son Procureur, toutes personnes qui auroient ou prétendroient avoir dans la Ville & Fauxbourgs de Paris des droits de justice ou de police, priviléges ou affranchissemens de maîtrises, franchises locales ou personnelles, perpétuelles, ou pour un certain tems de l'année, & de toutes autres exemptions qui concernent le commerce, les manufactures & les arts, seroient tenus de représenter dans un mois, à compter du jour de la publication dudit Arrêt, leurs titres de concession & de confirmation, pardevant les sieurs Amelot, de Nointel & d'Argenson Conseillers d'Etat ordinaires, de Fieubet, Ferrand, de Machault & Roujault Maîtres des Requêtes, que Sa Majesté auroit nommés & députés pour en examiner la validité, & les abus qui peuvent s'être introduits dans l'usage desdits droits & franchises, contre les termes de leur concession, même proposer au Conseil les moyens qu'ils estimeroient les plus convenables pour rétablir ou pour maintenir par les ouvriers qui travaillent à la faveur desdites exemptions, l'observation des Réglemens généraux ou particuliers, ainsi que des Statuts concernans les arts, fabriques & manufactures de la Ville de Paris; à l'effet dequoi lesdits Srs. Commissaires entendroient non-seulement les personnes à qui lesdits priviléges ont été concédés ou confirmés, & les ouvriers qui travaillent à la faveur desdits priviléges, mais aussi les Jurés de chaque Communauté des Maîtres de Paris, & même si besoin étoit, les Marchands qui font commerce desdits ouvrages, pour être sur le tout statué & ordonné, ainsi qu'il appartiendroit: Sa Majesté auroit été informée que, nonobstant ledit Arrêt, la plûpart de ceux qui ont ou prétendent avoir dans la Ville & Fauxbourgs de Paris des droits de justice & de police, priviléges ou franchises, auroient négligé de représenter, ainsi qu'il leur auroit été ordonné, leurs titres de concession ou de confirmation pardevant lesdits Sieurs Commissaires, & ce pour éluder la réformation des abus qui, sous prétexte desdits priviléges, se sont introduits, au préjudice du Public, & des Communautés des arts & métiers: A quoi desirant pourvoir, Oui le rapport. LE ROI ETANT EN SON CONSEIL, de l'avis de M. le Duc d'Orléans Régent, a ordonné & ordonne que l'Arrêt du 28 Novembre 1716, sera exécuté selon sa forme & teneur; en conséquence enjoint très-expressément à tous Privilégiés ou soi prétendans tels, de remettre dans quinzaine pour tout délai, à compter du jour de la publication du présent Arrêt, les titres sur lesquels ils se fondent, entre les mains du sieur Simon Cailleau, Commis-Greffier de la commission par Arrêt du 2 Janvier 1717, & faute par eux d'y satisfaire dans ledit tems de quinzaine, & icelui passé: Veut & entend Sa Majesté qu'en vertu du présent Arrêt, & sans qu'il en soit besoin d'autre, ils soient & demeurent déchus pour toujours de leurs droits, privilèges, franchises & prétentions; Voulant aussi Sa Majesté, qu'après ledit délai passé, les Jurés des Communautés des arts & métiers de la Ville de Paris puissent librement faire leurs visites dans lesdits lieux privilégiés ou prétendus tels, nonobstant toutes oppositions & autres empêchemens, dont si aucuns interviennent, Sa Majesté s'en est réservée la connoissance, & icelle interdite à toutes ses Cours & Juges. Enjoint Sa Majesté au Sieur d'Argenson, Conseiller d'Etat ordinaire, Lieutenant Général de Police, de tenir la main à l'exécution du présent Arrêt. FAIT au Conseil d'Etat du Roi, Sa Majesté y étant, tenu à Paris le neuviéme jour d'Août mil sept cens dix-sept. Signé, PHELYPPEAUX.

ARREST DU CONSEIL D'ETAT DU ROI,

QUI enjoint à tous Privilégiés de la Ville & Fauxbourgs de Paris, de remettre sans délai les titres sur lesquels ils sont fondés, entre les mains du Sieur Antoine Grosmenil, Greffier des Commissions extraordinaires du Conseil, subrogé au lieu & place du Sieur Simon Cailleau.

12 Octobre 1717.

LE ROI ayant ordonné par Arrêt du 28 Novembre 1717, qu'à la diligence du sieur Vaultier, que Sa Majesté auroit commis pour son Procureur, toutes personnes qui auroient ou prétendroient avoir dans la Ville & Fauxbourgs de Paris, des droits de justice & de police, privilèges ou affranchissemens de maîtrise, franchises locales ou personnelles, perpétuelles ou pour un certain tems de l'année, & toutes autres exemptions concernant le commerce, les manufactures & les arts, seroient tenus de représenter dans les délais marqués, leurs titres de concession & de confirmation pardevant les sieurs Amelot, de Nointel & d'Argenson, Conseillers d'Etat ordinaires, de Fieubet, Ferrand, de Machault & Roujault Maître des Requêtes: & ayant par autre Arrêt du 2 Janvier de la présente année, nommé pour Greffier de ladite commission le sieur Simon Cailleau, Greffier des commissions extrordinaires du Conseil, au lieu & place duquel il est nécessaire d'en nommer un autre. Oui le rapport, SA MAJESTÉ EN SON CONSEIL, a commis & commet pour Greffier de ladite commission, à la place du Sieur Simon Cailleau, le Sieur Antoine Grosmenil, Greffier des commissions extraordinaires du Conseil, entre les mains duquel tous lesdits titres de concession & confirmation ci-dessus expliqués, seront remis sans délai, en exécution des Arrêts du Conseil, des 28 Novembre 1716 & 9 Août 1717. FAIT au Conseil d'Etat du Roi, tenu à Paris le douziéme jour d'Octobre mil sept cens dix-sept. Collationné. Signé, DELAISTRE.

ARREST DU CONSEIL D'ETAT DU ROI,

QUI déclare les Chanoines & Chapitres de Saint Jacques-de-l'Hôpital, rue Saint Denis, & de Saint Etienne-des-Grès, rue Saint Jacques, déchus des Privilèges & Exemptions qu'ils peuvent prétendre dans l'étendue de leurs Cloître, & de tout ce qui en dépend.

12 Février 1718.

LE ROI s'étant fait représenter en son Conseil d'Etat l'Arrêt rendu en icelui le 28 Novembre 1716, portant qu'à la diligence du Sieur Vaultier Avocat au Parlement, que Sa Majesté auroit commis pour son Procureur, toutes personnes qui ont ou prétendent avoir dans la Ville & Fauxbourgs de Paris, des droits de justice ou de police, privileges ou affranchissemens de maîtrises, franchises locales ou personnelles, perpétuelles ou pour un certain tems de l'année, & toutes autres exemptions qui concernent le commerce, les manufactures & les arts, seroient tenus de représenter dans un mois, à compter du jour de la publication dudit Arrêt, leurs titres de concession & de confirmation, pardevant les Sieurs Commissaires y dénommés, pour en examiner la validité & les abus qui peuvent s'être introduits dans l'usage desdits droits, franchises ou privileges, contre les termes de leur concession, même proposer au Conseil les moyens qu'ils estimeront les plus convenables, pour rétablir ou maintenir parmi les ouvriers qui travaillent à la faveur de ces exemptions, l'observation des Réglemens généraux & particuliers; à l'effet dequoi lesdits Sieurs Commissaires entendroient non-seulement les personnes à qui lesdits privileges ont été concédés ou confirmés, & les ouvriers qui travaillent à la faveur desdits privileges ou franchises; mais aussi les Jurés de chaque Communauté des Maîtres de Paris, & même si besoin est, les Marchands qui font commerce desdits ouvrages, pour sur le tout donner leurs avis à Sa Majesté, & par Elle être statué & ordonné ainsi qu'il appartiendroit : autre Arrêt du Conseil du 9 Août 1717, portant injonction auxdits Privilégiés, ou soi prétendans tels, de remettre dans quinzaine pour tout délai,

délai, à compter du jour de la publication d'icelui, les titres sur lesquels ils se fondent, entre les mains de Me Simon Cailleau, Commis Greffier de ladite commission, par Arrêt du 2 Janvier 1717, & que faute par eux d'y satisfaire dans ledit tems de quinzaine, & icelui passé, & sans qu'il en fût besoin d'autre, ils seroient & demeureroient déchus pour toujours de leurs droits, privilèges, franchises & prétentions; Voulant Sa Majesté, qu'après ledit délai passé, les Jurés des Communautés pussent librement faire leurs visites dans lesdits lieux privilégiés, ou prétendus tels, nonobstant toutes oppositions ou autres empêchemens, dont si aucuns interviennent, Sa Majesté s'en est réservé la connoissance, & icelle interdite à toutes ses Cours & Juges : autre Arrêt du Conseil, du 12 Octobre de la même année 1717, lequel auroit commis pour Greffier de ladite commission, à la place du Sieur Simon Cailleau, Me Antoine Grosmenil, Greffier des commissions extraordinaires du Conseil, entre les mains duquel tous lesdits titres de concession & confirmation ci-dessus expliqués, seroient remis sans délai; lesquels trois Arrêts auroient été publiés & affichés à tous les carrefours & places publiques de la Ville & Fauxbourgs de Paris; & les trois sommations faites à la Requête dudit Sieur Vaultier aux Chanoines & Chapitres de Saint Jacques-de-l'Hôpital, rue Saint Denis, & de Saint Etienne-des-Grès rue Saint Jacques, de remettre dans trois jours pour tout délai entre les mains dudit Me Antoine Grosmenil, les titres de concession & de confirmation sur lesquels ils se fondent pour l'exercice de leurs prétendus privilèges & franchises, par Cochin, Macé & Duvaux Huissiers des Conseils de Sa Majesté les 5 & 29 Décembre 1717, & 4 Janvier 1718, à quoi ils n'auroient satisfait. Oui le Rapport. LE ROI ETANT EN SON CONSEIL, de l'avis de M. le Duc d'Orléans Régent, faute par lesdits Chanoines & Chapitres de Saint Jacques-de-l'Hôpital, rue Saint Denis, & de Saint Etienne-des-Grès, rue Saint Jacques, d'avoir satisfait auxdits Arrêts du Conseil & auxdites trois sommations, les a déclaré & déclare déchus des privilèges & exemptions qu'ils pourroient prétendre dans l'étendue de leurs maisons, cloîtres, cours & autres lieux en dépendans; leur fait défenses d'y recevoir aucuns ouvriers & artisans qui ne soient Maîtres du métier dont ils font profession. Enjoint à ceux qui pourroient s'y trouver d'en sortir incessamment, & auxdits Sieurs desdits Chapitres, de permettre & souffrir dans l'étendue desdits lieux, toutes les visites que les Jurés des métiers voudront & pourront y faire, comme dans les autres endroits de Paris, le tout à peine de trois cens livres d'amende, & de plus grande peine, s'il y écheoit. Enjoint Sa Majesté au Sieur Lieutenant-Général de Police de tenir la main à l'exécution du présent Arrêt, qui sera lû, publié & affiché par tout où besoin sera. FAIT au Conseil d'Etat du Roi, Sa Majesté y étant, tenu à Paris le douzième jour de Février mil sept cent dix-huit. Signé, PHELYPPEAUX.

ARREST DU CONSEIL D'ETAT DU ROI,

CONCERNANT les Privilégiés de la Ville & Fauxbourgs de Paris.

28 Juillet 1725.

LE ROI s'étant fait représenter en son Conseil l'Arrêt du 28 Novembre *1616*, par lequel Sa Majesté auroit ordonné qu'à la requête & diligence du Sieur Vaultier son Procureur, toutes les personnes qui ont ou prétendent avoir dans la Ville & Fauxbourgs de Paris, des droits de justice ou de police, privilèges ou affranchissemens de maîtrises, franchises locales ou personnelles, perpétuelles ou pour un certain tems de l'année, & toutes autres exemptions qui concernent le commerce, les manufactures & les arts, seroient tenus de représenter dans un mois, à compter du jour de la publication dudit Arrêt, leurs titres de concession & de confirmation, pardevant les sieurs Commissaires y dénommés; pour en examiner la validité, ainsi que les abus qui peuvent s'être introduits dans l'usage desdits droits, franchises ou priviléges, contre les termes de leur concession : même proposer au Conseil les moyens qu'ils estimeroient les plus convenables pour rétablir ou maintenir parmi les ouvriers qui travaillent à la faveur des exemptions, l'observation des réglemens généraux ou particuliers, ainsi que des Statuts concernant les arts, fabriques & manufactures de la Ville de Paris : à l'effet dequoi lesdits sieurs Commissaires entendroient non-seulement les personnes à qui lesdits Priviléges ont été concédés ou confirmés, & les ouvriers qui travaillent à la faveur desdits priviléges ou franchises, mais aussi les Jurés de chaque Communauté des Maîtres de Paris, & même si besoin étoit, les Marchands qui font commerce desdits ouvrages, pour sur le tout donner leurs avis à Sa Majesté, & par elle être statué & ordonné ainsi qu'il appartiendroit : autre Arrêt du 9 Août 1717, qui ordonne l'exécution de celui du 28 Novembre 1716, & enjoint d'y satisfaire dans le tems de quinzaine pour tout délai, passé lequel tems les Privilégiés qui n'auroient pas produit, seroient & demeureroient déchûs pour toujours de leurs privilèges & prétentions : Voulant Sa Majesté, qu'après ledit délai passé les Jurés des Communautés d'arts & métiers de la Ville de Paris, puissent faire librement leurs visites dans lesdits lieux privilégiés ou prétendus tels. Et comme entre lesdites personnes ayant ou prétendant avoir des privileges ou droits & franchises dans la Ville & Fauxbourgs de Paris, les uns ont négligé jusqu'à présent de représenter pardevant lesdits sieurs Commissaires leurs titres de concession & confirmation, & les autres les ayant représentés, en ont éloigné le jugement : Et quoiqu'aux termes de l'Arrêt du 9 Août 1717 les Privilégiés qui n'ont point produit leurs titres, soient déchus pour toujours de leurs priviléges & prétentions : cependant Sa Majesté, par grace singuliere, veut bien encore leur accorder un nouveau délai, sans espérance d'aucun autre, pour mettre non-seulement les Privilégiés en état de produire leurs titres de concession & de confirmation, mais aussi les sieurs Commissaires, de donner leur avis tant sur les titres qui ont été pardevers eux produits que sur ceux qui pourront l'être en vertu du présent Arrêt : à quoi Sa Majesté désirant pourvoir. Oui le rapport du sieur Dodun Conseiller ordinaire au Conseil Royal, Controlleur-Général des Finances. LE ROI ETANT EN SON CONSEIL, a ordonné & ordonne qu'à la poursuite & diligence du sieur Vaultier son Procureur, toutes les personnes qui ont ou prétendent avoir dans la Ville & Fauxbourgs de Paris, des droits de justice ou de police, priviléges ou affranchissemens de maîtrises, franchises locales ou personnelles, perpétuelles ou pour un certain tems de l'année, & toutes autres exemptions qui concernent le commerce, les manufactures & les arts, qui n'ont point encore représenté leurs titres de concession & de confirmation, seront tenus dans un mois pour toute préfixion ou délai, à compter du jour de la publication du présent Arrêt, de les représenter pardevant les Sieurs le Pelletier des Forts, Rouillé du Coudray, Fagon, Ferrand, de Machault, de Baudry & d'Argenson, Conseillers d'Etat, de Vanolles, Bernard, Aubert de Tourny & Ravot d'Ombreval Maîtres des Requêtes, Commissaires à ce députés par Sa Majesté, par Arrêts des 28 Novembre 1716, 14 & 24 Juin 1723, & 18 Juillet 1724, & que faute par eux d'y satisfaire dans ledit tems, & icelui passé, ils demeureront déchus de leursdites franchises & priviléges, en vertu du présent Arrêt, sans qu'il en soit besoin d'autre. Et à l'égard de ceux qui ayant produit leurs titres en exécution des Arrêts des 28 Novembre 1716, & 9 Août 1717, en ont jusqu'à présent éloigné le jugement ; ordonne Sa Majesté que dans le même délai d'un mois, ils seront tenus de mettre leur production en état : faute dequoi & ledit tems expiré, il sera passé outre à l'examen des titres & piéces par eux produites, en l'état où elles se trouveront, pour sur l'avis desdits Sieurs Commissaires être statué ce qu'il appartiendra ; Ordonnant en outre Sa Majesté, que les Arrêts des 28 Novembre 1716 & 9 Août 1717, seront tenus exécutés selon leur forme & teneur. FAIT au Conseil d'Etat du Roi, Sa Majesté y étant, tenu à Chantilly le ving-huitiéme jour de Juillet mil sept cens vingt-cinq. Signé, PHELIPPEAUX.

ARREST DU CONSEIL D'ETAT DU ROI,

CONCERNANT les Privilégiés de la Ville & Fauxbourgs de Paris.

11 Mars 1727.

LE ROI s'étant fait représenter en son Conseil l'Arrêt du 28 Novembre 1716, par lequel Sa Majesté auroit ordonné, qu'à la requête & diligence de son Procureur, toutes les personnes ayant ou prétendant avoir dans la Ville & Fauxbourgs de Paris, des droits de justice ou de police, priviléges, affranchissemens de maîtrises, franchises locales ou personnelles, perpétuelles ou pour un certain tems de l'année, & toutes autres exemptions ou droits qui concernent le commerce, les manufactures & les arts, seroient tenus de représenter dans un mois, à compter du jour de la publication dudit Arrêt, leurs titres de concessions & de confirmations pardevant les Sieurs Commissaires y dénommés, pour en examiner la validité, ainsi que les abus qui peuvent s'être introduits dans l'usage desdits droits de franchises ou priviléges contre les termes de leurs concessions; même proposer au Conseil les moyens qu'ils estimeroient les plus convenables pour maintenir parmi les ouvriers qui travaillent à la faveur de ces exemptions, l'observation des réglemens généraux ou particuliers, ainsi que des Statuts concernant les arts, fabriques & manufactures de la Ville de Paris; à l'effet de quoi lesdits sieurs Commissaires entendroient non-seulement les personnes prétendant avoir lesdits priviléges, & les ouvriers qui travaillent à la faveur desdits priviléges ou franchises, & même si besoin étoit, les Marchands qui font commerce desdits ouvrages, pour sur le tout donner leur avis à Sa Majesté, & par elle être statué & ordonné ce qu'il appartiendroit: autre Arrêt du 9 Août 1717, qui ordonne l'exécution de celui du 28 Novembre 1716, & enjoint d'y satisfaire dans le tems de quinzaine pour tout délai; passé lequel tems, Sa Majesté ordonne que les Privilégiés qui n'auront pas produit, seront & demeureront déchus pour toujours de leurs priviléges & prétentions; Voulant Sa Majesté qu'après ledit délai passé, les Jurés des Communautés d'arts & métiers de la Ville de Paris puissent faire librement leurs visites dans lesdits lieux privilégiés, ou prétendus tels: autre Arrêt du 28 Juillet 1727, par lequel Sa Majesté a ordonné qu'à la requête & diligence de sondit Procureur, toutes les personnes qui avoient ou prétendoient avoir des droits de justice ou de police, priviléges, affranchissemens de maîtrises, franchises locales ou personnelles, perpétuelles ou pour un certain tems de l'année, & toutes exemptions qui concernent le commerce, les manufactures & les arts, qui n'avoient point lors représenté leurs titres de concession & de confirmation, seroient tenus dans un mois, pour toute préfixion & délai, à compter du jour de la publication dudit Arrêt, de les représenter pardevant les Sieurs Commissaires y dénommés, & que faute par elles d'y satisfaire dans ledit tems & icelui passé, elles demeureroient déchues de leursdites franchises & privilèges, en vertu dudit Arrêt, sans qu'il en fût besoin d'autre : Et à l'égard de celles qui avoient produit leurs titres en exécution desdits Arrêts, & avoient éloigné le jugement, qu'elles seroient tenues dans le même délai d'un mois, de mettre leurs productions en état; faute dequoi faire, & ledit tems expiré, il seroit passé outre à l'examen des titres & piéces par elles produites, en l'état où elles se trouveroient, pour, sur l'avis desdits sieurs Commissaires, être par Sa Majesté statué & ordonné ce qu'il appartiendroit. Et quoiqu'aux termes desdits Arrêts, lesdits Privilégiés soient déchus pour toujours de leurs priviléges & prétentions, cependant Sa Majesté par grace singuliere, veut bien leur donner un nouveau & dernier délai ; à quoi désirant pourvoir. Oui le rapport du Sieur le Pelletier Conseiller d'Etat ordinaire & au Conseil Royal, Contolleur Général des Finances, LE ROI ETANT EN SON CONSEIL, a ordonné & ordonne que les Arrêts des 28 Novembre 1716 & 9 Août 1717. & 28 Juillet 1725, seront exécutés selon leur forme & teneur, & qu'à la poursuite & diligence du sieur Petit son Procureur, tous ceux qui ont ou prétendent avoir dans la Ville & Fauxbourgs de Paris, des droits de justice & de police, priviléges ou affranchissemens de maîtrises, franchises locales ou personnelles, perpétuelles ou pour un certain tems de l'année, & toutes autres exemptions ou droits concernant le commerce, les manufactures & les arts, qui n'ont point encore représenté leurs titres de concession & de confirmation, seront tenus dans deux mois, pour toutes préfixions & délais, à compter du jour de la publication du présent Arrêt, de les représenter pardevant les Srs Rouillé du Coudray, Fagon, Ferrand, de Machault, de Baudry & d'Argenson, Conseillers d'Etat : Bernard, Herault, Aubert de Tourny, de Vanolles, & Choppin d'Arnouville, Maîtres des Requêtes, Commissaires à ce députés par Sa Majesté par Arrêts des 28 Novembre 1716, 14 Juin 1723 & 12 Septembre 1725. Et faute par eux d'y satisfaire, ils demeureront déchûs de leursdites franchises & privilèges en vertu du présent Arrêt, sans qu'il en soit besoin d'autre : ordonne aussi Sa Majesté, que ceux qui en exécution desdits Arrêts sus-énoncés, ont produit leurs titres, & qui d'ailleurs n'ont point mis leurs productions en état pour en éloigner le jugement, seront tenus dans le même délai de représenter & fournir toutes les Piéces & Mémoires qu'ils estimeront nécessaires; faute de quoi faire, & ledit tems expiré, il sera passé outre à l'examen des titres & pieces par eux produites, en l'état où elles se trouveront, & que sur l'avis desdits Sieurs Commissaires, il sera statué par Sa Majesté, ainsi qu'il appartiendra. FAIT au Conseil d'Etat du Roi. Sa Majesté y étant, tenu à Versailles le onziéme jour de Mars mil sept cens vingt-sept. Signé, PHELYPPEAUX.

Le présent Arrêt a été lû le Bureau tenant, & ordonné être entregistré au Greffe de la commission, Oui ce requérant le Procureur-Général, pour être exécuté selon sa forme & teneur. A Paris, ce deuxième Avril mil sept cens vingt-sept. Signé, GROSMENIL.

SENTENCES

CONFIRMÉES par Arrêt du Parlement, rendues en faveur des Six Corps des Marchands de Paris.

CONTRE *Antoine Thomé, Suisse de Nation.*

18 Juillet 1717.

A TOUS ceux qui ces présentes Lettres verront, Gabriel-Jérôme de Bullion, Chevalier Comte d'Esclimon, Mestre de Camp du Régiment de Provence Infanterie, Conseiller du Roi en tous ses Conseils, Prevôt de Paris : Sçavoir faisons, que sur la Requête faite en jugement devant Nous à l'audience de la Chambre de Police du Châtelet de Paris par Pothouin, Procureur des Maîtres & Gardes des Marchands Epiciers-Apoticaires à Paris, Défendeurs à l'Exploit à eux donné à la Requête d'Antoine Thomé, se disant Suisse de Nation, le 28 Juin dernier, & Demandeur suivant leurs moyens signifiés le 10 du présent mois, à ce que ledit Thomé soit débouté en sa demande avec dépens ; & encore Défendeurs aux moyens & exceptions signifiées les 14 & 16 du présent mois, suivant les moyens signifiés les 15 & 17 dudit mois, assistés de Me Sandrier leur Avocat, contre la Requête dudit Antoine Thomé, se disant Suisse de Nation, Demandeur aux fins de l'Exploit du 28 Juin dernier, à ce qu'en conséquence des privilèges accordés aux Marchands Suisses par tous les Rois depuis Louis XI. jusqu'à présent, ledit Thomé pourra librement exercer dans la Ville de Paris la marchandise d'épicerie, & suivant iceux, que son nom, surnom & marque de Marchand seront inscrits dans le Bureau des Marchands Epiciers, sinon que le jugement qui interviendra vaudra inscription, & Défendeurs aux moyens susdatés, & Demandeurs aux fins de ses exceptions signifiées le 16 du présent mois, & par vertu du défaut de nous, donné contre ledit Me Delastre, non comparant ni Avocat pour lui dûment appellés ; lecture faite des Statuts des Marchands Epiciers, des Sentences rendues en cette Cour le 20 Août 1617, 21 Novembre 1720 & 6 Novembre 1722, & autres Sentences & Réglemens de Police, demande, défenses, moyens & exceptions susdatés, & de l'avenir à ce jourd'hui. Nous, sans avoir égard aux exceptions dudit Thomé, l'avons débouté de sa demande & condamné aux dépens. Ce qui sera exécuté sans préjudice de l'appel, & soit signifié. En témoin de ce Nous avons fait sceller ces Présentes. Ce fut & donné par Messire René Herault, Chevalier, Seigneur de Fontaine Labbé, Conseiller du Roi en tous ses Conseils d'Etat & Privé, Conseiller Honoraire en son Grand-Conseil, Maître des Requêtes ordinaire de son Hôtel, Lieutenant-Général de Police de Paris, tenant le Siege le Vendredi 18 Juillet 1727. Collationné. Signé, CUYRET. Et scellé le 29 Juillet 1727. Signé, DOYARD. Signifié & donné copie à M. Delastre, en son domicile le 31 Juillet 1727. Signé, BARRANGUE.

---

22 Août 1727.

A TOUS ceux qui ces présentes Lettres verront, Gabriel-Jérôme de Bullion, Chevalier, Comte d'Esclimont, Mestre de Camp du Régiment de Provence Infanterie, Conseiller du Roi en tous ses Conseils, Prevôt de Paris, Salut, sçavoir faisons : Que sur la requête faite en jugement devant Nous à l'audience de la Chambre de Police du Châtelet de Paris, par Me Florent Delastre, Procureur du sieur Antoine Thomé, Suisse de nation, Demandeur suivant l'Exploit fait par Celerier, Huissier à Cheval en cette Cour, le 28 Juin dernier, dûment controllé & présenté : tendante à ce qu'en conséquence des priviléges accordés aux Marchands Suisses, le nom, surnom, & marque dudit Thomé, soient inscrits dans le Bureau des ci-après nommés, sinon que la Sentence qui interviendra vaudra inscription, & autres fins avec dépens, Défendeur à la demande portée par les moyens du 10 Juillet dernier, aux fins y contenues, & Demandeur suivant ses moyens & exceptions des 14 & 16 dudit mois de Juillet, opposant à l'exécution de la Sentence par défaut du 18 dudit mois de Juillet dernier, suivant sa requête verbale du 8 du présent mois, assisté de Me Duret son Avocat, contre Me Pothouin Procureur des Maîtres & Gardes de la Communauté des Marchands Epiciers de la Ville de Paris, Défendeurs & Demandeurs, assistés de Me Sandrier leur Avocat : Parties ouies, sans que les qualités puissent nuire ni préjudicier. Nous donnons Lettres à Sandrier de la déclaration par lui faite pour ses Parties, qu'elles n'entendent point contester le Privilége des Suisses ; en conséquence avons la Partie de Duret débouté de son opposition, notre Sentence exécutée avec dépens : ce qui sera exécuté, nonobstant & sans préjudice de l'appel. En témoin de quoi Nous avons fait sceller ces Présentes. Ce fut fait & donné au Châtelet de Paris, par Messire René Hérault, Chevalier, Seigneur de Fontaine-Labbé, Conseiller du Roi en ses Conseil d'Etat & Privé, Honoraire en son Grand-Conseil, Maître des Requêtes ordinaire de son Hôtel, & Lieutenant-Général de Police au Châtelet de Paris, tenant le Siége le Vendredi vingt-deux Août mil sept cens vingt-sept. Collationné. Signé, CUYRET. Et scellé le cinq Septembre mil sept cens vingt-sept. Signé,

DOYARD. Signifié & donné copie à Me Delastre a domicile, le six Septembre mil sept cens vingt-sept. Signé, PEIGNE'.

ARREST DU PARLEMENT confirmatif des deux Sentences précédentes.

23 Février 1729.

ENTRE Antoine Thomé, Suisse de Nation, Appellant d'une Sentence par défaut, rendue par le Lieutenant-Général de Police de cette Ville de Paris, le 18 de Juillet 1727, purement & simplement & en tout son contenu, ensemble de la Sentence contradictoire rendue audit Siége de la Police le 22 Août ensuivant, en ce que par icelle, après avoir donné acte aux Maîtres & Gardes des Marchands Epiciers & Apoticaires-Epiciers de cette Ville de Paris, Intimés sur lesdites appellations, & de la déclaration par eux faites, qu'ils n'entendent point contester le privilége des Suisses; ledit Thomé a été débouté de l'opposition par lui formée à l'exécution de la premiere Sentence dudit jour 18 Juillet 1727, par laquelle, sans avoir égard aux exceptions dudit Thomé, il a été débouté de sa demande & condamné aux dépens, laquelle demande tendoit à ce qu'en conséquence des priviléges accordés aux Marchands Suisses par tous les Rois depuis Louis XI. jusqu'à présent, ledit Thomé pourroit exercer librement dans Paris la marchandise d'Epicerie, & suivant iceux, que son nom, surnom & marque de Marchand seroient inscrits dans le Bureau des Marchands Epiciers, sinon que le jugement qui interviendroit vaudroit inscription d'une part; & lesdits Maîtres & Gardes des Marchands Epiciers & Apoticaires-Epiciers de cette Ville de Paris, Intimés d'autre part; & entre ledit Thomé, Demandeur en requête du 5 Décembre 1727, tendante à ce qu'il plût à la Cour, à ce qu'en venant par les Parties plaider sur l'appel interjetté par ledit Thomé de la Sentence du 22 Août 1727, l'appellation & ce dont étoit appel fût mis au néant; émandant il fût ordonné que ledit Thomé pourroit en toute liberté faire la marchandise d'Epicerie dans la Ville de Paris, & que son nom & marque de Marchand seroient inscrits dans le Bureau desdits Maîtres & Gardes des Marchands Epiciers, aux offres qu'il faisoit de se conformer en tout à l'Arrêt de la Cour du 9 Février 1715, & que lesdits Maîtres & Gardes seroient condamnés aux dépens d'une part; & lesdits Maîtres des Marchands Epiciers & Apoticaires-Epiciers, Défendeurs d'autre part; & entre les Maîtres & Gardes des cinq Corps des Marchands de cette Ville de Paris, Demandeurs en Requête du 22 dudit mois de Décembre 1727, tendante à ce qu'il plût à la Cour à les recevoir Parties intervenantes en la cause pendante en icelle, entre les Maîtres & Gardes des Marchands Epiciers & Apoticaires-Epiciers de cette Ville de Paris, d'une part; & Antoine Thomé qui se dit Suisse de Nation, d'autre part; sur l'appel interjetté par ledit Thomé des Sentences de Police des 18 Juillet & 22 Août 1727, qu'il leur

leur fût donné acte de ce que pour moyens d'intervention ils employoient le contenu en leur Requête ; ce faisant qu'il leur fût pareillement donné acte de ce qu'ils se joignoient auxdits Maîtres & Gardes des Marchands Epiciers & Apoticaires-Epiciers de cette Ville, & de ce qu'ils adhéroient aux conclusions par eux prises contre ledit Thomé, & que ledit Thomé fût condamné aux dépens, d'une part ; & lesdits Maîtres & Gardes des Marchands Epiciers & Apoticaires-Epiciers de Paris, & ledit Thomé, Défendeurs d'autre part ; & entre ledit Thomé, Demandeur en deux Requêtes des 15 Janvier & 19 Février 1729, la premiere tendante à ce que venant par les Parties plaider sur l'appel par lui interjetté des deux Sentences dont est question, il seroit ordonné qu'elles viendroient pareillement plaider sur ladite Requête, & y faisant droit que l'appellation & ce dont étoit appel, seroit mis au néant ; émendant, & en tant que de besoin, rectifiant les conclusions que ledit Thomé avoit prises par sa premiere Requête, il seroit ordonné qu'en conséquence des priviléges accordés aux Suisses, & conformément à l'Arrêt du 9 Février 1715, ledit Thomé pourroit exercer librement la marchandise d'épicerie dans Paris, & que son nom, surnom & marque d'Epicier Suisse, seroient inscrits au Bureau des Maîtres & Gardes des Marchands Epiciers & Apoticaires-Epiciers de Paris, dans un tableau qui pour cet effet seroit appendu, aux offres qu'il faisoit de se conformer en tout à l'Arrêt de la Cour du 9 Février 1715, & en cas de contestation, que les contestans seroient condamnés aux dépens ; & la seconde tendante à ce qu'il plût à la Cour en venant par les Parties plaider sur l'appel interjetté par ledit Thomé desdites deux Sentences, il seroit ordonné qu'elles viendroient pareillement plaider sur ladite Requête, & y faisant droit en lui adjugeant les conclusions qu'il avoit prises par ses précédentes Requêtes, l'appellation & Sentence du 18 Juillet 1727, fût mise au néant ; & à l'égard de l'appel interjetté de celle du 22 Août ensuivant, l'appellation & Sentence dont étoit appel, fût pareillement mise au néant, en ce que par icelle, après avoir donné acte aux Maîtres & Gardes des Epiciers-Ciriers-Confiseurs de Paris de la déclaration par eux faite, qu'ils n'entendoient point contester les priviléges des Suisses, ledit Thomé avoit été débouté de son opposition à ladite Sentence, du 18 Juillet 1727, & au surplus il auroit ordonné que ladite Sentence du 22 Août ensuivant seroit exécutée au premier chef, & que lesdits Maîtres & Gardes seroient condamnés en tous les dépens, tant des causes principales que d'appel, d'une part ; & les Maîtres & Gardes des Marchands Epiciers & Apoticaires - Epiciers de cette Ville de Paris, & des cinq Corps des Marchands, Défendeurs d'autre part. Après que Sarazin Avocat d'Antoine Thomé, Prevôt, Avocat des Maîtres & Gardes des Marchands Epiciers, & Châtelain, Avocat des Maîtres & Gardes des cinq Corps des Marchands de Paris, ont été ouis pendant deux audiences, ensemble Daguesseau pour le Procureur-Général du Roi : La Cour reçoit les Parties de Châtelain Parties intervenantes ; faisant droit au principal, a mis & met l'appellation au néant ; ordonne que ce dont a été appellé sortira effet ; condamne l'Appellant en l'amende de douze livres & aux dépens. FAIT en Parlement le vingt-trois Février mil sept cens vingt-neuf. Signé, YSABEAU. Collationné, CAVELIER, avec paraphe.

ARREST DU CONSEIL D'ETAT DU ROI,

QUI renvoye pardevant les Sieurs Commissaires du Bureau des Péages, l'examen des Titres de ceux qui prétendent des Droits de justice & de police, Priviléges, ou Affranchissemens de Maîtrises dans la Ville & Fauxbourgs de Paris.

16 Mars 1734.

VU par le Roi, en son Conseil, l'Arrêt rendu en icelui le 28 Novembre 1716, par lequel Sa Majesté a ordonné qu'à la requête & diligence de son Procureur, toutes les personnes ayant ou prétendant avoir dans la ville & fauxbourgs de Paris, des droits de justice, ou de police, priviléges & affranchissemens de maîtrises, franchises locales ou personnelles, perpétuelles ou pour un certain tems de l'année, & toutes autres exemptions ou droits qui concernent le commerce, les manufactures & les arts, seroient tenus de représenter dans un mois, à compter du jour de la publication dudit Arrêt, leurs titres de concessions & de confirmations, pardevant les Sieurs Commissaires dénommés audit Arrêt, pour en examiner la validité, ainsi que les abus qui peuvent s'être introduits dans l'usage desdits droits de franchises ou priviléges, contre les termes de leurs concessions ; même proposer au Conseil les moyens qu'ils estimeroient les plus convenables pour établir ou maintenir parmi les ouvriers qui travaillent à la faveur de ces exemptions, l'observation des réglemens généraux ou particuliers, ainsi que des statuts concernant les arts, fabriques & manufactures de la ville de Paris : à l'effet de quoi lesdits Sieurs Commissaires entendroient non-seulement les personnes prétendant avoir lesdits priviléges, & les ouvriers qui travaillent à la faveur desdits priviléges ou franchises, & même, si besoin étoit, les marchands qui font commerce desdits ouvrages ; pour, sur le tout, donner leur avis à Sa Majesté, & par elle être statué & ordonné ce qu'il appartiendroit. Autre Arrêt du 9 Août 1717, qui ordonne l'exécution de celui du 28 Novembre 1716, & enjoint d'y satisfaire dans quinzaine pour tout délais ; passé lequel tems, Sa Majesté a ordonné que les privilégiés qui n'auroient pas produit, seroient & demeureroient déchus pour toujours de leurs priviléges & prétentions; voulant Sa Majesté, qu'après ledit délai passé, les Jurés des Communautés d'arts & métiers de la ville de Paris pussent faire librement leurs visites dans lesdits lieux privilégiés, ou prétendus tels. Autre Arrêt du 28 Juillet 1725, par lequel Sa Majesté a ordonné qu'à la requête & diligence de sondit Procureur, toutes les personnes qui avoient ou prétendoient avoir des droits de Justice, ou de Police, priviléges, affranchissemens de maîtrises, franchises locales ou personnelles, perpétuelles ou pour un certain tems de l'année, & toutes exemptions qui concernent le commerce, les manufactures & les arts, qui n'avoient point lors représenté leurs titres de concessions & de confirmations, seroient tenus dans un mois pour toute préfixion & délai, à compter du jour de la publication dudit Arrêt, de les représenter pardevant les Sieurs Commissaires y dénommés; & que faute par elles d'y satisfaire dans ledit tems, & icelui passé, elles demeureroient déchues de leurs dites franchises & priviléges, en vertu dudit Arrêt, sans qu'il en fût besoin d'autre. Et à l'égard de celles qui avoient produit leurs titres en exécution desdits Arrêts, & avoient éloigné le jugement, qu'elles seroient tenues dans le même délai d'un mois, de mettre leurs productions en état, faute de quoi faire, & ledit tems expiré, il seroit passé outre à l'examen des titres & piéces par elles produites, en l'état où elles se trouveroient, pour, sur l'avis desd. Sieurs Commissaires, être par Sa Majesté ordonné ce qu'il appartiendroit. Autre Arrêt du 11 Mars 1727, qui ordonne l'exécution de ceux des 28 Novembre 1716, 9 Août 1717 & 28 Juillet 1725, & qu'à la poursuite & diligence de son Procureur, tous ceux qui ont ou prétendent avoir dans la ville & fauxbourgs de Paris, des droits de justice & de police, priviléges ou affranchissemens de maîtrises, franchises locales ou personnelles, perpétuelles ou pour un certain tems de l'année, & toutes autres exemptions ou droits concernant le commerce, les manufactures & les arts, qui n'avoient point encore représenté leurs titres de concession & de confirmation, seroient tenus dans deux mois pour toute préfixion & délai, à compter du jour de la publication dudit Arrêt, de les représenter pardevant les Sieurs Commissaires y dénommés, & que faute par eux d'y satisfaire, ils demeureroient déchus de leursdites franchises & priviléges, en vertu dudit Arrêt, sans qu'il en fût besoin d'autre; & qu'à l'égard de ceux, qui en exécution desdits Arrêts, avoient produit leurs titres, & qui d'ailleurs n'avoient point mis leurs productions en état, pour en éloigner le jugement, seroient tenus dans le même délai, de représenter & fournir toutes les piéces & mémoires qu'ils estimeroient nécessaires; faute de quoi faire & ledit tems expiré, il seroit passé outre à l'examen des titres & piéces par eux produites, en l'état où elles se trouveroient, & que sur l'avis desdits Sieurs Commissaires il seroit statué par Sa Majesté ainsi qu'il appartiendroit. Et Sa Majesté étant informée que les Arrêts desdits jours 28 Novembre 1716, 9 Août 1717, 28 Juillet 1725 & 11 Mars 1727, n'ont point eu jusqu'à présent leur entiere exécution, surquoi jugeant nécessaire de faire connoître ses intentions. Oui le rapport du Sieur Orry, Conseiller d'Etat & ordinaire au Conseil Royal, Controlleur-Général des Finances, LE ROI ÉTANT EN SON CONSEIL a ordonné & ordonne que les Arrêts desdits jours 28 Novembre 1716, 9 Août 1717, 28 Juillet 1725 & 11 Mars 1727, seront exécutés selon leur forme & teneur; & cependant, par grace, que tous ceux qui ont ou prétendent avoir dans la ville & fauxbourgs de Paris, des droits de justice & de police, priviléges ou affranchissemens de maîtrises, franchises locales ou personnelles, perpétuelles ou pour un certain tems de l'année, & toutes autres exemptions ou droits concernant le commerce, les manufactures & les arts, qui n'ont point encore représenté leurs titres de concession & de confirmation, seront tenus dans six mois pour toute préfixion & dernier délai, à compter du jour de la publication du présent Arrêt, de les représenter pardevant les Sieurs Commissaires nommés pour l'examen des titres des péages, que Sa Majesté a commis & députés pour en examiner la validité & les abus qui peuvent s'être introduits dans l'usage desdits droits, franchises ou priviléges, contre les termes de leur concession; à l'effet de quoi ceux qui n'ont point encore représenté leurs titres de concession ou de confirmation, seront tenus de les remettre dans ledit délai, au Sieur Passelaigue, Greffier de ladite Commission, de laquelle représentation il leur sera délivré un certificat par ledit Greffier. Ordonne Sa Majesté que lesdits Sieurs Commissaires proposeront au Conseil, sur les représentations desdits titres, les moyens qu'ils estimeront les plus convenables pour rétablir ou maintenir parmi les Ouvriers qui travaillent à la faveur de ces exemptions, l'observation des réglemens généraux & particuliers, ainsi que des statuts concernant les arts, fabriques & manufactures de la ville de Paris; à l'effet de quoi lesdits Sieurs Commissaires entendront non-seulement les personnes à qui lesdits priviléges ont été concédés ou confirmés, & les ouvriers qui travaillent à la faveur desdits priviléges ou franchises, mais aussi les Jurés de chaque Communauté des maîtres de Paris, & même, si besoin est, les Marchands qui font commerce desdits ouvrages; pour, après que le tout aura été communiqué au Sieur Mailhard de Balosre Maître des Requêtes, que Sa Majesté a nommé son Procureur-Général en ladite Commission, & sur ses conclusions, donner leur avis à Sa Majesté, & par elle être statué & ordonné ce qu'il appartiendra. Ordonne en outre Sa Majesté, que faute par lesdits prétendant des droits de justice, police & autres dans la ville & fauxbourgs de Paris, de satisfaire dans ledit délai aux dispositions du présent Arrêt, ils demeureront déchus pour toujours de leursdites franchises & priviléges, en vertu du présent Arrêt, sans qu'il en soit besoin d'autre. Et sera le présent

Arrêt lû, publié & affiché par-tout où besoin sera, à ce que personne n'en ignore. FAIT au Conseil d'Etat du Roi, Sa Majesté y étant, tenu à Versailles le seiziéme jour de Mars mil sept cens trente-quatre. Signé, PHELIPPEAUX.

ARREST DU PARLEMENT,

QUI déclare bonnes & valables les Saisies faites par les Maîtres & Gardes des Six Corps des Marchands dans l'Enclos Saint Martin-des-Champs, & fait défenses à tous Marchands, & autres personnes de quelqu'état & qualité qu'elles soient, d'exposer en vente, ni vendre même dans les lieux privilégiés aucunes Marchandises les Dimanches & Fêtes annuelles & solemnelles.

18 Décembre 1734.

LOUIS, par la grace de Dieu, Roi de France & de Navarre: au premier des Huissiers de notre Cour de Parlement ou autre notre Huissier ou Sergent sur ce requis; sçavoir faisons qu'entre les Maîtres & Gardes des Six corps des Marchands de Paris, appellans des Sentences rendues en la Chambre de Police du Châtelet de Paris, des 27 Novembre 1733 & 29 Janvier 1734, & Demandeurs en Requête du 13 Avril 1734, à ce qu'il plaise à la Cour, faisant droit sur leur appel, mettre l'appellation & ce au néant; émendant, sans avoir égard aux demandes formées en la Chambre de Police par les Intimés ci-après nommés à fin de réclamation & restitution des marchandises sur eux saisies dans l'enclos Saint-Martin des Champs par le Procès-Verbal des Commissaires Moncrif & Blanchard du 11 Novembre 1733, déclarer la saisie desdites marchandises faite à la Requête desdits Maîtres & Gardes des Six Corps des Marchands de Paris bonne & valable; ordonner qu'elles seront & demeureront confisquées au profit des Maîtres & Gardes des Six Corps des Marchands; que défenses seront faites aux Intimés ci-après nommés de contrevenir aux Réglemens; & pour l'avoir fait, qu'ils seront condamnés aux dommages & intérêts envers les Six Corps des Marchands tels qu'il plaira à notredite Cour arbitrer, & aux dépens des causes principales, d'appel & demandes, d'une part; & François Bourdin, Louis Deldeuil, Michel Roissart, & François Briquet, maîtres Gantiers & Parfumeurs à Paris, & Adrien Langlois maître Peignier & Tablettier, Intimés & Défendeurs, d'autre part; & entre lesdits Bourdin, Deldeuil, Roissart, Briquet & Langlois, Demandeurs en Requêtes des 30 Juillet & 23 Novembre 1734, la premiere à ce qu'ils fussent reçus Appellans de la Sentence de la Chambre de Police dudit jour 29 Janvier 1734, & faisant droit, tant sur leur appel, que sur celui des Maîtres & Gardes des Six Corps des Marchands de Paris des Sentences desdits jours 27 Novembre 1733 & 29 Janvier 1734, sans avoir égard à la Requête des Maîtres & Gardes des Six Corps des Marchands de Paris, dudit jour 13 d'Avril de la présente année, mettre sur leur appel l'appellation au néant; ordonner que ce dont est appel sortira son plein & entier effet, & les condamner en l'amende; & en ce qui touche l'appel desdits Bourdin, Deldeuil, Roissart, Briquet & Langlois, mettre l'appellation & ce au néant, en ce que par ladite Sentence dudit jour 29 Janvier dernier (sauf par les Maîtres & Gardes des Six Corps des Marchands de Paris de représenter les marchandises en question) ils n'ont point été condamnés d'en payer le prix, & en ce qu'il n'a pas été adjugé ausdits Bourdin & Consorts des dommages, intérêts ni dépens; émendant quant à ce, faute par les Maîtres & Gardes de leur rendre & restituer les marchandises qu'ils ont sur eux saisies induement, à la premiere sommation qui leur sera faite en vertu de l'Arrêt qui interviendra, les condamner solidairement à leur payer la somme de deux mille livres pour le prix des marchandises, si mieux ils n'aiment suivant l'estimation qui en sera faite, à dire d'Experts dont les Parties conviendront sur l'état qui en sera fourni; condamner aussi solidairement les Maîtres & Gardes en mille livres de dommages-intérêts ou telle autre somme qu'il plaira à la Cour arbitrer & aux dépens des causes principales, d'appel & demandes, même en ceux réservés, sauf à notre Procureur-Général à prendre telles autres conclusions qu'il avisera; la seconde, à ce qu'en leur adjugeant les conclusions par eux ci-devant prises, les Maîtres & Gardes fussent condamnés aux dépens réservés par les Arrêts des 15 Avril & 15 Octobre dernier, & Défendeurs d'une part; & les Maîtres & Gardes des Six Corps des Marchands de Paris, Défendeurs & Demandeurs en Requête du 25 Novembre dernier, à ce qu'il plût à notre dite Cour sur l'appel dudit Bourdin & Consorts, mettre l'appellation au néant; ordonner que ce dont est appel sortira son plein & entier effet, & les condamner en l'amende & en tous les dépens, même en ceux réservés, d'autre part, après que Regnard, Avocat des Maîtres & Gardes des Six Corps des Marchands de la ville de Paris, & Milley, Avocat de François Bourdin & autres ont été ouis pendant deux Audiences; ensemble Jolly de Fleury pour notre Procureur-Général. NOTREDITE COUR faisant droit sur les appellations respectivement interjettées par les Parties, a mis & met lesdites appellations & ce dont a été appellé au néant; émendant, déclare les saisies faites sur les Parties de Milley bonnes & valables; & néanmoins de grace pour cette fois seulement, & sans que le présent Arrêt puisse tirer à conséquence, ordonne que les marchandises saisies sur les Parties de Milley leur seront rendues & restituées; à ce faire les Parties de Regnard contraintes, quoi faisant, déchargés, dépens compensés.

Faisant droit sur le Réquisitoire de notre Procureur-Général, ordonne que les Ordonnances, Arrêts & Réglemens seront exécutés selon leur forme & teneur; en conséquence fait défenses à tous Marchands & autres personnes de quelque état & qualité qu'elles soient d'exposer en vente ni vendre, même dans les lieux prétendus privilegiés, aucunes Marchandises les Dimanches & Fêtes annuelles & solemnelles; ordonne que le présent Arrêt sera imprimé, lû, publié & affiché partout où besoin sera. Mandons mettre le présent Arrêt à exécution selon sa forme & teneur, de ce faire te donnons pouvoir. DONNÉ en notredite Cour de Parlement le dix-huit Décembre, l'an de grace mil sept cent trente-quatre, & de notre Régne le vingtiéme. Collationné, DAUVERGNE. Par la Chambre, Signé, DUFRANC.

L'Arrêt ci-dessus a été lû & publié à haute & intelligible voix, à son de Trompe & Cri public, en tous les lieux ordinaires & accoutumés, notamment à S. Martin des Champs, à l'Abbaye de S. Germain-des-Prez, au Temple, à S. Jean-de-Latran, dans la rue de l'Oursine, à S. Marcel, & autres lieux prétendus privilégiés de cette ville de Paris, par moi Aimé-Richard Girault, Huissier à cheval au Châtelet de Paris, Juré-Crieur ordinaire du Roi & de la Ville, Prevôté & Vicomté de Paris, y demeuraut rue Saint-Antoine, devant la rue Cloche-Perche, Paroisse Saint Gervais, soussigné, accompagné de Louis-François Ambezar, Jacques Hailot, & Claude-Louis Ambezar, Jurés Trompettes, le 29 Janvier 1735, à ce que personne n'en prétende cause d'ignorance, & affiché ledit jour esdits lieux. Signé, GIRAULT.

ORDONNANCE DE POLICE,

QUI fait défenses à tous Marchands, tant en gros qu'en détail, de cette Ville & Fauxbourgs de Paris, de courir les uns sur les autres pour le détail de leurs Marchandises, & de répandre aucuns Billets, pour en annoncer la Vente.

30 Mars 1736.

SUR ce qui nous a été remontré par le Procureur du Roi; que malgré les Réglemens de Police, & notamment notre Ordonnance du 1 Juillet 1734, par lesquels très-expresses défenses sont faites à tous les Marchands de courir les uns sur les autres pour le débit de leurs marchandises, ni d'user d'aucun artifice pour surprendre les acheteurs & se les ménager au préjudice de la liberté du commerce; cependant quelques Marchands de cette Ville affectent encore de faire répandre dans le public des billets en leur nom, pour annoncer la vente de leurs étoffes & autres marchandises, à un prix qu'ils exposent être inférieur à celui que lesdites marchandises ont coutume d'être vendues par les autres Marchands : qu'une pareille contravention, qui est presque toujours la derniere ressource d'un Négociant infidéle, pour mettre promptement ses effets à couvert, ne peut être trop sévérement réprimée; qu'autrement ce seroit donner lieu à toutes les fraudes que l'intérêt & la cupidité peuvent inspirer, d'où il résulteroit, même pour le public, un grand préjudice, en ce que sous le prétexte de donner des marchandises à un vil prix, on ne lui en vendroit souvent que de défectueuses. Pourquoi requéroit que sur ce par nous il fût pourvû, surquoi faisant droit; ordonnons que les anciens Réglemens de Police & notamment du 1 Juillet 1734, seront exécutés selon leur forme & teneur, & en conséquence faisons très-expresses & itératives défenses à tous Marchands en gros & en détail de cette Ville & Fauxbourgs de Paris, de courir les uns sur les autres pour le débit de leurs marchandises. Leur défendons particuliérement de répandre, ni autrement distribuer aucuns billets pour en annoncer la vente, & ce sous quelque prétexte que ce soit, le tout à peine de trois cens livres d'amende pour la premiere contravention, & de fermeture de leurs boutiques en cas de récidive. Disons que notre présente Ordonnance sera pareillement inscrite sur les Regîtres des Corps & Communautés de cette Ville. Enjoignons singulierement aux Gardes de la Draperie & de la Mercerie de veiller à l'exécution d'icelle pour ce qui concerne les Six Corps des Marchands. Ce fut fait & donné par nous René Hérault, Chevalier, Seigneur de Fontaine-l'Abbé & de Vaucresson, Conseiller d'Etat, Lieutenant-Général de Police de la Ville, Prevôté & Vicomté de Paris, le 30 Mars 1756. Signé, HERAULT, MOREAU, SIFFLET, Greffier.

ARREST DU CONSEIL D'ETAT PRIVE' DU ROI,

EN faveur des Six Corps des Marchands;

CONTRE *des Marchands, soi-disans Privilégiés du Grand-Conseil.*

15 Juin 1761.

VU au Conseil d'Etat Privé du Roi l'incident entre Jacques Vergue Dumas, Marchand Apoticaire Droguiste; Gaspard Clery, Marchand Epicier; Jean-Philippe Brinztihl, Marchand Joallier-Bijoutier-Metteur en œuvre; Jean-Baptiste Diodet, Marchand Bijoutier; Christian Gottiel Schult, Marchand Pelletier-Fourreur, tous privilégiés à la suite du du Grand-Conseil, demandeurs en opposition à un Arrêt du Conseil du 9 Février 1756, d'une part; & les six Corps des Marchands de Paris, défendeurs d'autre part; Requête en opposition desdits Dumas, Clery, Brinztihl, Dioder & Schult, tendante à ce que pour les causes y contenues, il plût à Sa Majesté les recevoir opposants audit Arrêt de son Conseil du 9 Février 1756, obtenu sur la Requête non communiquée des six Corps des Marchands de Paris, à eux signifié les 5 & 6 Mars suivant, en ce que par ledit Arrêt, *il leur est fait défenses d'exercer leur état & profession, ni d'en tenir boutique ouverte, jusqu'à ce que par votre Majesté il en ait été autrement ordonné;* leur donner acte de ce que pour moyen d'opposition ils employent le contenu en leurdite Requête, ce faisant sans s'arrêter audit Arrêt au Chef dont il s'agit, les remettre en tel & semblable état qu'ils étoient avant ledit Arrêt, & leur permettre d'exercer leurs professions & d'en tenir boutique ouverte, jusqu'à ce que par Sa Majesté il soit définitivement statué sur la validité des priviléges à eux accordés par le Grand'Conseil, & condamner lesdits six Corps aux dépens de l'incident: En ce qui touche Jean-Philippe Brinztihl, l'un des Supplians, sans avoir égard à la demande formée contre lui par les Maîtres & Gardes du Corps des Marchands Orfévres-Joalliers de la ville de Paris, faisant partie desdits Corps, dans laquelle ils seront déclarés non-recevables, déclarer leurs procédures nulles & frustatoires, & ordonner que ledit Brinztihl sera tiré des qualités de l'instance, sauf auxdits Maîtres & Gardes des Orfévres à poursuivre, s'ils le jugent à propos, le jugement de l'instance pendante au Conseil entr'eux & ledit Brinztihl; les condamner en outre aux dépens envers lui. Ladite Requête, signée, Restaut, Avocat aux Conseils du Roi & des Supplians; Ordonnance du Conseil au bas, d'ayent acte, & soit communiqué aux six Corps des Marchands pour y fournir des réponses dans trois jours, sinon seroit fait droit du 20 Mars 1756: signification ensuite par de Brye, Huissier du Conseil, du même jour, d'une Requête des six Corps des Marchands de Paris, employée pour réponse à celle du sieur Dumas & Consorts, & tendante à ce que pour les causes y contenues il plût à Sa Majesté déclarer ledit Dumas & Consorts non-recevables & mal fondés dans leurs conclusions, en conséquence leur faire défenses d'exercer l'état & profession de Marchands; sçavoir, audit Dumas à celui de Droguiste, & Clery celui de Marchand Epicier, à Brinztihl & à Diodet celui de Joallier-Bijoutier-Metteur en œuvre, & à Schult, celui de Pelletier-Fourreur dans la Ville & Fauxbourgs de Paris, ni d'y tenir boutiques ouvertes desdits états & professions, à peine de trois mille livres d'amende chacun, & de tous dépens, dommages & intérêts, & pour avoir par lesdits Dumas & Consorts contrevenu à l'Arrêt du Conseil du 9 Février 1756, obtenu par les six Corps de Maîtres, les condamner chacun en quinze cens livres de dommages, intérêts & aux dépens, ladite

O

Requête signée Hecquart, Avocat au Conseil du Roi & des six Corps des Marchands de Paris; Ordonnance du Conseil au bas d'ayent acte, au surplus en jugeant sera fait droit & soit signifié du 7 Avril 1756; signification ensuite par Lourdet, Huissier du Conseil du lendemain; piéces jointes auxdites Requêtes, sçavoir, à celle de Dumas & Consorts, expédition d'un Arrêt du Grand-Conseil du 7 Décembre 1748, qui reçoit ledit Dumas à l'état & privilége de Maître Apoticaire-Droguiste, Sentence d'enregistrement dudit Arrêt en la Prevôté de l'Hôtel du 18 du même mois; Exploits de signification de l'un & de l'autre aux Maîtres & Gardes de la Communauté desdits Maîtres Apoticaires de Paris du 23 Juin 1651; acte de protestation desdits Gardes, du 5 Juillet 1761. Quittances des Syndics des Apoticaires des maisons ou famille Royales du 28 Avril 1752; copie d'Arrêt du Conseil du 9 Février 1756, dont l'expédition est aussi produite par les six Corps des Marchands de Paris, qui fait défenses auxdits Dumas & Consorts d'exercer leur état & profession de Marchand, ni de tenir boutique ouverte, jusqu'à ce que par Sa Majesté il en ait été autrement ordonné, signifié auxdits Dumas & Consorts les 5 & 6 Mars suivant; autre copie d'Arrêt rendu sur la Requête présentée au Conseil par le Corps des Marchands Joailliers de Paris de soi-communiqué à Brinztihl pour y répondre dans le délai du Réglement du 2 Mars 1750, à lui signifié le 13 du même mois; Ordonnance du Conseil qui commet le sieur Lenain Maître des Requêtes pour faire le rapport de ladite Instance du 7 Avril de la même année, signifiée le 9 du même mois; acte de produit au Greffe de la part dudit Brinztilh du 18 du mois d'Avril, pareil acte desdits Jurés, du 25 aussi du même mois; Certificat de la vacance de privilége de Marchand Bijoutier, donné par le Doyen des Substituts du sieur Procureur-Général du Grand-Conseil, du 12 Mars 1750; Expédition de l'Arrêt du Grand-Conseil, par lequel ledit Diodet a été reçu au privilége de Bijoutier, & la Sentence d'enregistrement en la Prevôté de l'Hôtel des 19 & 20 du même mois, signifié le 21 aux Gardes des Bijoutiers de Paris; Certificat de sept Maîtres Pelletiers-Fouteurs en faveur dudit Schult, du 7 Juillet 1750; autre Certificat de la vacance du Privilége de Pelletiers-Foureurs, donné par le Doyen des Substituts du Sieur Procureur-Général du Grand-Conseil du 13 du même mois; Expédition de l'Arrêt dudit Grand-Conseil, par lequel ledit Schult a été reçu au privilége de Pelletier-Foureur, & la Sentence d'enregistrement dudit Arrêt en la Prevôté de l'Hôtel du 14 dudit mois de Juillet; Copie d'Arrêt du Conseil, par lequel Sa Majesté s'est réservée de statuer sur les contestations, au sujet des droits & priviléges du Grand-Conseil du 17 Janvier 1755; autre Copie d'Arrêt du Conseil qui ordonne l'examen des contestations entre Sébastien Charité, Maître Peaussier-Teinturier en cuirs, & la Communauté de Maîtres de Paris, du 17 Janvier 1756. Pieces jointes à la Requête desdits six Corps, outre les mêmes produites par Dumas

& Consorts, sçavoir; Arrêt du Conseil du 27 Février 1665, rendu entre les six Corps des Marchands de Paris, & Pierre d'Acoigné qui casse le privilége de Marchand Mercier à lui accordé à la suite du Grand-Conseil, & fait défenses audit Grand-Conseil, de faire à l'avenir des Marchands à sa suite; Déclaration du Roi du 16 Mars 1706, enregistrée au Parlement le 11 Mai suivant, rendu au profit des Marchands Vinaigriers de Paris, qui fait défenses au nommé Grignon, de faire la profession de Vinaigrier, d'en vendre ni débiter; autre Arrêt du Conseil du dix-huit Juin 1731, qui fait pareilles défenses au nommé Cerisead de prendre la qualité de Marchand Grenier privilégié du Grand-Conseil; autre du 20 Octobre 1750, rendu contre le nommé Louette Corroyeur, portant pareilles défenses; autre du 22 Décembre 1755, rendu contre Compagnon, Potier-de-Terre; autre du même jour, rendu contre le nommé Charrité Boursier, portant les susdites défenses; autre du 9 Février 1756, rendu contre le nommé Nizard, Charpentier; & un autre enfin du même jour, rendu contre le nommé Desbordes, Taillandier-Ferblantier, portant les susdites défenses. Exploit de signification de l'Arrêt du 7 Février 1756, auxdits Dumas & Consorts, de l'opposition duquel il s'agit du 13 Mars suivant; acte de présentation au Conseil, de M. Restaut Avocat pour ledit Dumas & Consorts, du 10 du même mois; autre de leur part du même jour, pour faire nommer un Rapporteur, tous les deux signifiés par de Normandie Huissier du Conseil; copie d'Ordonnance du Conseil du 15 dudit mois de Mars, signifié le 18, par Desestre Huissier du Conseil, au bas de la Requête dudit Dumas & Consorts, qui commet le sieur Dedelay de la Garde, Maître des Requêtes, pour faire le rapport du présent incident; autre Ordonnance du Conseil du 12 Mai 1760, signifiée par Corbet Huissier, le 14, qui ordonne que ledit Sr. de Dedelay de la Garde, en communiquera aux sieurs Daguesseau de Fresne, & autres Conseillers d'Etat y dénommés au bas de la Requête des six Corps des Marchands de Paris, Signée Goulleau, Avocat aux Conseils; autre Ordonnance du Conseil, étant au bas d'une Requête présentée en icelui par lesdits six Corps, du 18 Août 1760, signifiée le 20 du même mois, par Seignerolles Huissier au Conseil, qui subroge le sieur Bastard, Maître des Requêtes, au lieu & place du sieur de la Garde; Mémoire imprimé & signifié desdits six Corps des Marchands, généralement tout ce qui a été produit, écrit, remis & joint par devers ledit Sr de Bastard, Chevalier, Conseiller du Roi en tous ses Conseils, Maître des Requêtes ordinaires de son Hôtel, Commissaire à ce député, après en avoir communiqué aux sieurs Commissaires, aussi à ce députés, & tout considéré : LE ROI EN SON CONSEIL, faisant droit sur l'incident, n'ayant aucunement égard à la demande de Brinzthil, a ordonné & ordonne, que ledit Brinzthil sera tiré des qualités, sauf aux Maîtres & Gardes de l'Orfévrie, à faire juger l'Instance pendante à fondit Conseil, entr'eux & ledit Brinzthil, dépens néanmoins à cet égard compensés; & sans s'arrêter à l'opposition desdits Dumas, Clery, Diodet & Schult, audit Arrêt du Conseil, du 9 Février 1756, a ordonné & ordonne, que ledit Arrêt sera exécuté : sur la demande en dommages & intérêts, a mis & met les Parties hors de Cour, sauf auxdits Gardes des six Corps à se pourvoir pour les cas de contraventions, ainsi qu'ils aviseront ; condamne lesdits Dumas, Clery, Diodet & Schult, aux dépens, chacun en ce qui les concerne envers les six Corps, lesquels Sa Majesté a liquidés à la somme de soixante-dix huit livres seize sols, en ce non compris les frais de l'Expédition du présent Arrêt, Controlle, Sceau, ni signification d'icelui. FAIT au Conseil d'Etat Privé du Roi, tenu à Paris le quinze Juin mil sept cent soixante-un. Collationné. Signé, JOURDAIN.

FIN.

TABLE DES MATIERES.

TABLE DES MATIERES.

Fin de la Table des Matieres.

www.ingramcontent.com/pod-product-compliance
Ingram Content Group UK Ltd.
Pitfield, Milton Keynes, MK11 3LW, UK
UKHW021546260726
13993UKWH00002B/655

9 782329 328768